精神王国的求索者

文化名人采访录

林湄 著

作家出版社

序

萧　乾

我常想，画家在画蔬菜果盘那样的静物时，总要比画人物肖像来得省事。在特写中，人物专访也是最难的。林湄女士这个集子收的全是人物特写，并且都是文艺界的。

我大半生都在采访旁人，近年来有时也成为采访对象。抗战前在去访问冯玉祥将军之前，为了不到两个小时的谈话，我准备了好几天。我不但了解了他的政治见解，也摸索了他近期的兴趣，知道他十分关心当时的新文字运动。这样，本来给的是半个小时，最终访问时间竟延长了三倍。

可是我有时遇到"专访者"，谈上几句我就听出他对我毫无了解。这首先就表现在问题发得大而无当，诸如"请谈谈你的生平"或者要我报一报近年来写了什么。

一个好的记者应该能撤除访问者与被访问者之间的藩篱，把访问变为谈心。读林湄女士这些专访，我觉得她不但在访问每位之前，都做了很充分的准备，而且她有一种不经见的本事，能使被访问者向她开启心扉。

丁玲回忆起那段委屈日子时说："坐牢就好了。坐牢不要劳动了，坐牢就有法律，就有希望了。"说得多么深，多么沉痛！谈到近年光景，她又力劝作家们珍惜有利条件，不要做宾馆作家，要深入群众，深入生活。

林湄总是带着对被访问者的仰慕，带着某些长期思考过的问题，去进行对话的。她问沈从文通过《边城》想表达什么，问《围城》作者钱锺书，叔本华的悲观论可不可取，问新上任的文化部部长王蒙创作自由问题。问得都顺理成章，毫不唐突。

从访问记中，我感到林湄女士对文学艺术深切的爱，以及对于过去受过委屈的作家、艺术家深切的同情。同时，由于职业上她是从事报道工作，总不忘记加强三中全会以后外界对于我国文学艺术的了解。

这方面她的贡献是出色的。

一览众山小（自序）

1985年初冬，我从中国香港某新闻机构派往北京小住。虽身为记者却没有任务，主要是了解邓小平改革开放政策后的国情，以及认识首都的文化历史。其间除了参观名胜古迹外，就是自由活动了。

北京是中国的首都，又是人文荟萃之地。在漫长的历史长河里，唯有无价的文化艺术与世长存，成为人类的精神支柱。可是，那些历经坎坷、劫后余生的智慧者或文化艺术创造者，眼下情况如何？有什么感触？怎样看待命运和挫折、理想和现实？

我好奇又神往，决定特立独行，借在京的机会走近他们，采访他们。

然而，谈何容易？这些历经沧桑、饱经磨难的学者、作家、艺术家，不是看破红尘，就是害怕记者，怀疑他们的职业道德，或没有信任感，更多的人是心有余悸，不愿或不敢接近人，只想平安无事地过日子。我只能知难而上，知道丁玲病在医院，直进病房……好在他们并不像我想象的那么怪僻或高傲，相反，不但采访顺利，事后还能保持联系，因而增强了我继续采访的信心。当然，其间也得到文友的支持，如采访梁漱溟得到汤一介教授的引见，采访巴金得到北京同事陆谷苇的帮助等。

最难采访到的是钱锺书先生。听说他连英国电视台记者的采访都断然拒绝了,可想而知,难度有多大。可是,他愈高贵独特,我愈想谒见。适巧遇到与他有交往、任职《文艺报》副总的吴泰昌先生,经他帮忙,我们做了不速之客。没想到,一切顺利,事后才知道,这是钱锺书平生唯一一次接受记者的采访。

为了多采访一些人,我废寝忘食,白天奔忙,夜晚在办公室看资料……在北京的三个月时间里,竟然连八达岭长城都没有去过。当然,没有人知道,我之所以如此忘我地工作,也是因为那段时间里,我刚刚从个人生活的"大地震"中走出来,情感深受重创,内心哀痛,惟发愤努力、疯狂工作,作为自爱自救的疗法!另一方面,想知道大师们是怎样面对人生苦难和挫折的,借以慰抚或忘却自己心灵的伤痛。

回到香港后,工作之余,继续潜心写作,很快地,访问稿在香港各报刊陆续发表,备受读者欢迎。不久,采访稿在世界各地引起华人的重视,五大洲的几十家华文报纸均以醒目标题,先后转载了这些文稿,反响非凡,正是:"无心插柳柳成荫。"这是被访者的学识、成就、人格和品行得到的公认,我只是提供一些真实的信息罢了。有人认为我之所以能成功地采访到钱锺书先生,是因为我口才好,这可将钱老看低了。我的采访之所以顺利无阻,主要原因是自己真诚而无私念。此外,在采访每位学人作家之前,均认真地看了他们的作品,有感而发,引起对方的兴趣,自然有话可说。这样看来,对被访者的了解和尊重,是采访成功的重要因素。

不过,有得也有失。虽然在北京时,领导没有给我采访的任务,是我自己舍弃游玩时间工作的,但是这样的努力不仅得不到香港上司的理解和支持,反而批评我在北京乱跑乱动……我深感委屈。文稿受欢迎,难道不是扩大新闻社的声誉和影响吗?何况我回港不久，被采访者竟先后一个个地离开了人间……

然我一支弱笔，夫复奈何？只好借堂吉诃德的话来点阿Q精神："这个世界专事压抑才子和杰作！"

几年后，命运使我漂洋过海、闯荡世界……离港前，整理家什书籍时，为了不让有文化价值和历史价值的东西丢失，决定将一些作者送给我的签名的书籍、书信、照片，访问沈从文、巴金等人的录音带，以及发表在世界各地华文报纸的采访稿等资料，邮寄给北京中国现代文学馆。不久，舒乙馆长来信说收到一个"百宝箱"。1992年夏天，我又托香港文友补寄去我留存的一些大师的手改稿等文献资料。

二十多年过去了，随着时间的流逝和文化历史的沉淀，我当年的痴情和稚气竟无意中给读者留下了一点真实的史料，算是一种意外的惊喜。然而，更难忘的还是在与大师们的接触交往中，了解到他们学术成就之外的高尚品德，如钱锺书的清高、沈从文的善良、巴金的真诚、梁漱溟的骨气、俞平伯的忍耐、丁玲的执着、陈景润的纯真……这是我们中华儿女、龙的传人的一笔巨大的精神财富！虽然由于时间地点的限制，只能进行现场访问和直观后的采写，但大师们默默地努力、不倦地求索、淡泊名禄、远离功利、严己宽人的情愫，与某些言行不一、以知识作钓饵，只会教训别人、从不叩问自己的人物相比，是天渊之别，不可同日而语的！

高山仰止！其辉煌成就中同时具有的崇高的人格魅力，影响了我的一生。

这些追求精神王国高度、深度和广度的长者，虽然形体离我们而去了，但他们的精神不死！它赋予了向往伟大心灵的人们希望和力量，也潜移默化地影响着历史文化的发展，使得我们的生活依然充满光明和希望、价值和意义！

现在，借出版《精神王国的求索者》的机会，我想说明无论世界多么龌龊、势利和不平，物质的诱惑又是如何地充塞着每一时间和空间，然而，真理和智慧、知识和德行、正直和良善，永远是人们的最爱！

2006年2月林湄写于欧洲北海之滨

在屈辱的岁月坚守生命的光辉

——三版感言

2020庚子年是人类史上艰难坎坷、难以忘怀的岁月，突如其来的疫情让世界各国政府和人民经受了严峻的考验。在这场灾难中，守卫前沿的医护工作者更是可歌可泣。年过古稀的我在这场疫战中，却不由自主地经历了一场心疫的试探（关于这点，已在随笔《感悟文坛》中予以表述）。面对双重灾难，尚能健康于世存活，内心充满感恩和感激！尤其幸运在此灾年之时，有机会再次出版《精神王国的求索者》，由衷感谢作家出版社吴义勤社长和同仁们的支持。

《精神王国的求索者》文稿是我20世纪70年代初从上海移居中国香港十年后、受聘中国香港新闻社任职记者兼海外专稿编辑部期间，利用业余时间专访文化艺术界的师长时写的。没想到，文稿在中国香港中通社与《明报》副刊接二连三刊出后，引起世界五大洲华文报刊非凡反响、创最高纪录，一天有47家华文报刊采用或转载（被誉为文学和新闻融为一体的佳作）。1989年春，采访文稿于中国香港明窗出版社出版，书名《文坛点将录》，副题"访精神王国的拓荒者"，我写了数百字序文，萧乾师长为此集作了序。2006年，又由深圳报业集团有限公司出版社再版，书名为《精神王国的求索者》，加了我的再序《一览众山小》，补充了采访期间的社会环境、采访目的以及我知难而上的经历等。

一晃三十多年过去了。我采访过的师长们在我拜访不久后，陆续地离开了这个世界。今抚书静思，感慨万千。奇异的是，当我读书写作或饥渴慕义或与文化界杰出的师长们交流哲学文学美学等形而上问题时，内心便充满喜乐，精神世界无比充实富足。如采访本集内的师长们，当了解到他们的"才""德""志"后，倍感记者的职责就是扬真善美，斥假恶丑。他们一生求知、勤奋、播种、奉献……无功利心也不求回报，治学严谨，创作优质文学艺术作品，给人启迪与励志。然而，在错误艰难的岁月里，竟然受尽屈辱、攻击和侮蔑。可贵的是，在与命运抗争的同时，他们为持守信念，不沉沦不气馁，不但百劫不死，且坚韧不屈，在苦痛难熬的日子，彰显人性中美好的品性德行与生命价值！

21世纪的当下，世界已进入高科技时代，尤其网络信息和碎片化文章如影随形，人人活在"忙、盲、茫"的不知所措中，若有人于纷乱无常的世态中继续渴求智慧，再识人性的真谛，在超功利、超世俗、超物欲的存活中，将零星学到的社会功课，整合成具有广度、深度和高度的形而上意识，创作有价值有意义的精神财富或艺术佳作，即为不朽！

所谓永恒，即富有价值与美的"道"和"真理"！

可见师长们的逝世只属个体生命的哀失，因世间只有真善美可与时间并存，所以，时间不会让他们缺席。事实证明，数千年来，一代来，一代去，衣食住行无忧后，人类是最依赖和看重精神生活的生命体，物质财富容易丢失或腐烂，真正流传给社会的遗产是文化和精神财富，后人从阅读中可触摸到当下人无法书写与想象的已过年代的社会面貌、动向、景物以及个体生命的音容笑貌、个性、品趣等，从而在前人求索和探究经验的基础上，致知力行，继往开来，运用好文化好思想，创作更高档的精神财富。当精神财富和物质财富平衡发展之时，就是国富民强社会文明的成真之日。如此看来，《精神王国的求索者》第三版面世的意义和价值，不言而喻了。

2020 年 12 月 22 日于欧洲

目 录

1 / 美丽总是愁人的
　　　　——访著名文学家、古文物学家沈从文
9 / 最后一次的访问
　　　　——医院中访名作家丁玲
21 / 深沉广博的爱
　　　　——于巴金寓所的访问
31 / 北国深秋忆春水
　　　　——冰心印象记
39 / 天我为大　有本不穷
　　　　——我所知道的梁漱溟
44 / 最终"相信了自己"
　　　　——访哲学史大师冯友兰
50 / 治学处世两不易
　　　　——访红学家俞平伯
54 / "瓮中捉鳖"记
　　　　——访钱锺书先生
60 / 速写钱锺书
66 / 文苑鸳鸯与菜园幽会
　　　　——记翻译家杨绛
71 / 一生在泥泞里作战
　　　　——访电影事业的开拓者夏衍
76 / 不要命的老头子
　　　　——访记者作家萧乾

88 /风雨浮沉三十年
　　　——记文艺评论家冯牧
95 /幸福与痛苦在别人眼中
　　　——访老作家萧军
100 /《青春之歌》续新韵
　　　——访女作家杨沫
107 /惊天一曲唱至今
　　　——张光年留影
111 /香港文坛的一员宿将
　　　——访刘以鬯先生
117 /在哲学里寻找生命的智慧
　　　——记北京大学哲学系教授汤一介
129 /辛勤笔耕五十年
　　　——记香港作家李辉英
133 /路通向彩虹出现的天边
　　　——记星洲文坛老将李汝琳
140 /诗名书艺撼新马
　　　——访新马书法家、诗人潘受
144 /东方艺坛的狮子
　　　——访国画大师刘海粟
156 /折中中外　融合古今
　　　——访岭南画派大师赵少昂
162 /情系国宝默默耕耘
　　　——访人民鉴赏家杨仁恺先生
169 /数学皇冠的一颗明珠
　　　——访数学天才陈景润

179 /后　记

美丽总是愁人的

——访著名文学家、古文物学家沈从文

到北京之前,就听说沈从文先生的家门上贴有字条:"沈老有病,敬谢来访。"

文友告诉我,沈老很怕记者,却爱朋友。每当朋友告别,他总像是还有说不完的话。可是病久了,生活范围变小,难免感到寂寞,寂寞中希望有人间的爱和温暖的交流。我不想当个循规蹈矩者,愿以一个忠实的读者出现在他的面前。经友人引见,1985年10月28日上午九时,来到中国社会科学院的宿舍。

开门的是一位身形细巧、语调温婉的古稀妇人,她就是沈师母。沈老刚刚休息起身,安详地坐在书房的藤椅上,秋阳懒洋洋地射向他那饱满而又红润的天庭,要不是事先知道他近年因脑血栓致瘫痪,看他神志清楚,耳聪目明,很难相信他是一位八十三岁的老人。我握着他颤抖而僵硬的双手,片刻的沉默,包含了他的深沉和内涵。

沈从文是湘西苗族人。他的谈吐,带有浓重的乡音。这乡音如同他的作品,情关湘西的一草一木、一人一事。虽然,他在湘西的日子,仅是他生命中的最初二十年,但他"却常常生活在那个小城

过去给我的印象里"。

他迟缓而有条理地告诉我，他在湘西读完小学，怎样随家乡土著部队在沅水流域过着半流浪的生活，又如何从湘西山村来到北京，住在一间潮湿、阴冷的公寓里。坎坷的道路，多舛的命运，使"一个才质平凡的乡下青年，在社会剧烈大动荡下……度过于二十年噩梦般恐怖黑暗生活，由于'五四'运动余波的影响，才有个转机，争取到自己处理自己命运的主动权"(《从文自传》)。

这个命运的主动权就是生活经历触发了他的创作欲望：拿起笔杆写文章，发泄对社会的不满，将自己耳闻目睹的底层悲惨人物，横行残忍的绅士、土匪栩栩如生地写出来。

20年代到40年代，他出版小说集四五十种，加上其他著作，有七十多种。如此多产，且作品一时风靡全国，他应该是高兴的。然而，他说："我的文章很不成熟，写的范围窄，写的东西离不开我的家乡，大社会我不懂！1922年刚来北京时，没有机会读书或工作。当时教书的人多，我都不行，就在北京逛，很穷，很苦，就写文章。"

见他那么谦虚，我连忙说："现在国际上已掀起一股'沈从文热'，日本、美国、法国等国正出版翻译您的全集或选集。还有不少人因研究您的作品得了博士、硕士学位。"

沈老听后嘿嘿地笑着说："我的文章已不时髦了。"

时髦不时髦，应取决于读者。凡是真正研究中国现代文学史的人，无不认为沈从文的作品，不但令读者了解到当时中国的社会结构，并感触到他笔下流露的具有东方人特色的情感。他的散文，常有独到之处。想到这里，我突然问起已拍成电影的《边城》。据说，沈从文不同意将《边城》拍成电影，理由是："电影不能表达我的意思。"

"《边城》的内在东西是什么？"我想从原著作者的口中得到确

切的答案。

"是思索。"沈从文正色地说。

"思索什么?"我又好奇地问。

他望了望书架,深沉地说:"思想和思索不一定能以对话来表达,内在的东西总是不太好表达的。在《边城》中,我想提倡的是人性中的善良。"

接着,他陈述他是如何得到善良人的好处。

在他一个铜板也没有的时候,有人支持他,欣赏他,鼓励他。例如1918年,他从常德到保靖,乘船四十天而没法付款,船主却不追讨。刚到北京时,住在公寓没有钱付,房东也不讨债……

听他说着,我想到:他得到过善良,也以善良对待别人。

在"文革"期间,沈从文被批斗,被赶去打扫厕所,后来还被送到湖北咸宁五七干校看菜园。北京的家被抄了八次,住处由三间减缩到一间,图书资料无处放,只好以七分半一公斤的价格卖给废品收购站。即使在这样屈辱的日子,沈从文看到一些常来看望他的年轻人因工作紧张营养不够时,便亲自到菜场买菜,亲自动手做肉酱、红烧肉给青年人吃。这一切,除了"善良"两字,还能做怎样的解释?

万万没有想到,他把头一仰,哈哈大笑。我明白,这笑声中包含了不能言喻只能理解的深沉内容。许久,他才用豁达而幽默的口吻说:"是我思想差,跟不上形势,身旁有许多书就满足了。这算什么?有很多人连性命都没有了。只是失掉了许多书很心痛。"

回忆过往的日子,他说:"除了写小说,什么都不懂,不会吸烟,不会跳舞,不会玩牌、下棋,也学不会趋炎附势、夸夸其谈。"说完又嘿嘿地笑了一阵,正色地补充道:"趋炎附势的人,也有他们的趣味。"

沈从文在他的散文《女难》中说:"美丽总是愁人的。"这美丽的句子正是他的自身的写照。他经历过无数愁人的年月，但他的内心世界总是美丽正直善良的。在这高尚的境界中，他可以将苦涩变成美丽的东西。

我们从创作谈到人品，又从人品谈到他的近来生活。不知不觉已过了两个小时。其间，沈师母不时让他喝水，沈老均摇头不肯喝。我说喝水对身体有益，他才连喝了几口。这时，他像孩子般地纯真，多么可爱啊。

沈师母怕他坐得太久，我们便搀扶他起来走走。书房不大，整个住所也只有两间房和厨、厕设备。沈太太温柔地说："我们已很满足了，还有一些老作家不如我们呢！"

沈师母牵着他的双手走路，像跳慢步舞，又像牵着学步的孩子。我连忙举起相机，沈老说："我这么难看，不要拍呀！"

我笑着说："沈老，您很有远见，娶了个比您小八岁的太太，现在刚好可以照顾您，要是两个都老了，病了，那就难办了。"

沈太太连忙接着说："他是我的老师。"

我知道沈师母是作协会员，前《人民文学》编辑。沈老的学历只是小学毕业，生活的培育，辛勤的学习，不仅使他走上了文学道路，而且当过一些大学（包括北京大学）的教授。他们在五十多个寒暑中，经过了风风雨雨，有快乐，有痛苦。尤其在愁人的日子里，懂得寻找"一点秘密的快乐"。

他安详地坐在藤椅上，继续陈述着，他一生中最喜欢的是写小说。回忆那段日子，说的、看的、教的、写的，都离不开小说。他说自己最喜欢曹植的诗文。曹植的五言叙事诗，不仅浅近易读，而且包含了深刻的思想内容，他最不喜欢的是明代小说《剪灯新话》，说那是应景阿谀之作，为赞美、歌颂绅士而写的，缺乏真挚感情。谈到创作体会，他认为应该多看、多写，尤其强调改文章的重要性。

他的言谈，无不流露对创作生涯的眷恋和热爱。然而，为什么他在1949年后就不再写文学作品了呢？他说过："接近人生时，我永远怀着艺术家的感情，绝不是所谓道德君子的感情。"

是的，他，应该是永远、永远地拥抱自己的文学事业而不放。

对我这个似乎费解的问题，想不到，他回答得那么利索干脆："怕写遵命文学，也为了少些是非。"

沈师母听他说得如此坦率，连忙补充说："你可以看他的一篇文章，写他如何从写小说转到文物研究。可能是自然而然的，他原来也很喜欢文物。"

沈老并不着意师母的解释，他接着说："社会发展了，写作没有什么意义，影响不了社会。文物很现实，坛坛罐罐，绫罗绸缎……"他的语调那么严肃，我理解他的每一句话的分量。有谁真正了解他内心的哀乐？40年代末期，有人攻击他，说他是什么"粉红色的"作家。为此，他烧过自己的书，也寻过短见。直到50年代初，他被安排在中国历史博物馆工作，生活才有了转机，决意挖掘悠久灿烂的文化宝库，继续为社会做出贡献。

记得他写过："我不愿问价钱上的多少来为百物作一个好坏的批评，却愿意考察它在我观感上、使我愉快不愉快的分量，我永远不厌倦的是'看'一切，宇宙万物在运动中，在静止中，在我印象里，我都能抓定它的最美丽与最调和的风度，但我的爱好显然却不能同一般目的结合。"是啊，他的爱好不能与一般的目的结合，那么，所结合的应该是他的价值观。在博物馆里，他一面学习，一面担任讲解员。仅50年代初期，经他过目的瓷器、铜器、玉器、漆器、绘画、家具、钱币、绸缎、地毯等文物，就不下一百万件，并先后出版古代工艺美术品的杂论文集《龙凤艺术》《唐宋铜镜》《中国丝绸图案》《明锦》《战国漆器》等书。与此同时，他还先后给故宫博物院、南京博物院、中央工艺美术学院、北京大学赠送过自己收集的文物。

1964年，沈老出国访问时，看到外国的蜡像馆、服装，认为中国的文化更悠久，应有具备自己特色的文物。当时的文化部副部长齐燕铭也鼓励沈老编写中国服装的资料。

几经辛苦，编写完成，刚要出版时，他被赶到农村养猪、种菜。在农村，他的血压高达250/150mmHg，但仍凭记忆写下《中国古代服装资料研究》的补充材料。又在七十八岁高龄之时，完成了《中国古代服饰研究》，内有二十多万字的文字说明，填补了中国系统研究服装学术专著的空白。该书引起了国内外学术界的重视，并曾作为中国国家领导人送给日本天皇和美国总统里根的礼品。

我坐在他的身旁，是那样地陶醉于他的陈述。这时，沈师母补充说："他一生都教人耐烦，就是要耐得住'烦'。"目前，他的生活十分简单，每天按摩、吃药、休息、看报……但没有与现实隔绝。

沈老有一首诗写道："不怀迟暮欢，还喜长庚明。独轮车虽小，不倒永向前。"是的，他的生活道路是坎坷的，然而，他从未停止过向前，更难得的是，他的内心永远是美丽的！

1986年2月

1985年11月于北京沈从文寓所采访完毕留影

沈从文坐久了,夫人张兆和牵着他的手,让他活动活动身体
(林湄 摄)

林湄女士：

　　接读来信，并特谢样及照片一枚别，十分感谢。

　　稿子拜读了，文中有点点小错和不够准确处，已顺手一一为改正，想您不会介意。

　　文责自负，被采访者原本不必过问。但有些记者常以作者既定的主观观点，强加于被采访者话里他这地的言词，硬是一一回答问题，文章写来又往往言过其实，渲染甚，谐语根据言，印令人难堪，甚至引起不必要的误会，那就未必意是欢反了。不能主观臆测，实事求是，不强加于人，这是对记者明友们的起码要求。

　　上面说一些废话，当然不是针对您而言，信照付的。

　　新谢您对沈老一片关切之情。他说，自己年岁大了又有病，不能为人民国家做多少作了，而国家领导和许多人关心他比人给予他的却太多太多。还有许多认识和不认识的读者，给他寄来热情洋溢的信，那都苦尽甘来的慰心，因此不安在很。

　　代拜寄之，就拴如 手复 致忱

此致

　　　　　　　张兆和代沈从文复
　　　　　　　　　一九八六年一月二日

沈从文先生在赠于林湄（原名林梅）的书内写字时，林湄问他："你一生最喜欢哪种人？"他用颤抖的手写下了"素朴"两字。

最后一次的访问
——医院中访名作家丁玲

北京归来，执笔写这篇访问记的时候，传来丁玲病危的消息，心情紧张而沉重。现在，文章写完了，又传来这位中国著名女作家逝世的噩耗，甚感悲痛。不知道我是不是丁玲在世时最后一个访问她的人。当时，我凭一股崇敬的激情，直闯医院拜访她。从我知道丁玲到见到她，相隔二十多年。这初次会见，想不到竟成永诀。因而，那次访问，丁玲所谈的许多话，现在有了特别的价值。

那天黄昏，细雨霏霏，空气渗透初冬的凉意。我来到北京协和医院外宾楼，直往丁玲的病房，适逢作协负责人邵华看望她，正准备告辞。

病房很小，设备却很齐全：单人床、衣柜和一张小桌，还有电冰箱、电视机及卫生设备。丁玲盘腿坐在床上，微胖的体形，一身白蓝间格的睡衣，外套一件白色黑边的毛背心，斑白的短发，茶色的眼镜，脸上布满横皱仍显丰满，一对闪亮的眼睛充满智慧、意志力。可以想象，这个刚刚度过八十二岁生日的老太太，年轻时是何等的秀气和伶俐。

陈明坐在床旁。

我自作介绍，夫妇俩即刻热情招呼我这不速之客。

丁玲知道我来自香港，像孩子般地"诉苦"说："香港的风味小食不少，因有肾病、糖尿病，在港期间不能吃多吃好。回京不久就入医院，只有9月份出院十几天又进院了。"她对于"二进宫"感到非常不安。没想到，我们一开始就没有任何的拘谨，一见如故。

丁玲1904年生于湖南临澧县一个有名的地主家庭，原名蒋冰之、丁冰之。她四岁丧父，由寡母抚养成人。曾在桃源第二女子师范读书，后进长沙岳云中学。

"您怎样走上创作道路的？"见她沉默，我连忙问道。

她的目光望向墙壁，迟缓而若有所思地说："我十九岁就出来革命，1921年中国共产党成立，1922年我就入上海接近党办的平民女子学校讲习班学习，受陈独秀、茅盾、李达、陈望道等思想教育，认识了瞿秋白、施存统老师，后又读了一年上海大学才回到北京。青年时因苦闷、伤感而看书，对现实不满、愤怒，借文章发泄情感，那时见一些熟人写文章，自己也跟着写，并不预先想当作家。"

她的话是真实的。1950年，她在《一个真实人的一生》中写道："我精神上痛苦极了。除了小说，我找不到一个朋友，于是我写小说了。"

丁玲的第一篇小说，是她二十三岁时发表的《梦珂》，接着又陆续发表了《莎菲女士的日记》《暑假中》《阿毛姑娘》《自杀日记》等等。这时期的作品大胆描写了"五四"时期女性的苦闷以及渴求解放精神的情绪。按丁玲自己的话说："我的小说就不得不充满了对社会的鄙视和个人孤独之灵魂的倔强挣扎。我的苦痛，和非常想冲破旧的狭小圈子的心情……"（《一个真实人的一生》）

1927年，大革命失败，四一二反革命政变、马日事变等等国事惊醒了丁玲。这时，她没有走资产阶级或无政府主义道路，而是

"带着一种朦胧的希望到上海去了"。第二年，就与沈从文、胡也频组织编辑出版《红黑》。1931年，又参加了"中国左翼作家联盟"，主编左联机关刊物《北斗》。时代的熏陶，自身的探索，使丁玲跨出了自我的圈子，写了大量时代激流中群众运动题材的作品：《三八节有感》《我在霞村的时候》《在医院中》《韦护》《一九三〇年春上海》《水》《母亲》；在延安时期，又写了通讯《田家霖》，报告文学《一二九师与晋冀鲁豫边区》。

1949年，丁玲参加了土改运动，写了《太阳照在桑乾河上》。这部作品于1951年获斯大林文学奖二等奖。1949年后，丁玲曾任宣传部文艺处主任、作协副主席及《文艺报》《人民文学》主编，并担任中央文学讲习所所长。在繁忙的工作之余，仍出了三本集子：《跨到新时代来》《到群众中去》《欧行杂记》及短篇《粮秣主任》。

1955年，丁玲因过去发表的《三八节有感》文章指责一些干部喜新厌旧作风，被控是向共产主义进攻，被打成了"丁陈反党集团"的头目，撤销了一切职务。1957年又被判为右派分子。从此，丁玲在文坛上消匿了二十二年。

四十多年前，丁玲在《风雨忆萧红》一文中曾写道："世界上什么是最可怕的呢，决不是艰难险阻，决不是洪水猛兽，也决不是荒凉寂寞。而难于忍耐的却是阴沉和絮聒；人的伟大也不是能乘风而起、青云直上，也不只是能抵抗横逆之来，而是能在阴霾的气压下，打开局面，指示光明……我感到我身体内有一种东西在冲撞；它支持了我的疲倦，它使我看到将来，它使我跨过现在，它使我更冷静，它包括了真理和智慧，它是我生命中的力量。"正是这种力量，使她二十二年忍辱负重，在北大荒坚持写了十二万字的《在严寒的日子里》（此书在1956年已写了四万字，后中断了），在山西偏僻的嶂头山村，手夹五合板，依墙靠桌写了两万字的报告文学

《杜晚香》。

她的倔强，说明对文学事业的执着和追求；她的信念，证明了她相信人民和历史。

1979年，丁玲获得平反回到北京，这时，她已是一位病痛缠身的老妇。当她重新在北京城呼吸着新鲜的空气，漫步于熟悉而又陌生的街头，想起饱受磨难、熬尽血泪的悲愤时，回到家里，即倾于笔端写道："……为人民的幸福，我依然热血沸腾，我要控诉，我要声讨，我要把人民的心曲细细地讲写，把留在人民心里的痛楚慢慢地熨平，把失去的信心重新收回栽培。"她真的说到做到，自1979年开始，她在病痛中，每年坚持出一集十二万字的散文。1984年夏天，为创办有创新、创见的《中国文学》双月刊绞尽脑汁，四处奔波。

将丁玲六十年的创作生涯作简略的回顾是容易的。但我怎能理解在历史的悲剧中牺牲了二十多年的一个有才华女性的心境？面对眼前这位受尽凌辱、沉思中带有无奈神色的老太太，我感慨地说："要不是这么多莫须有的苦难，你将写出多少作品啊！"

她望了望我，长叹一声说："年轻时写的作品，今天看看，仍有许多不满意。如果健康允许，我准备写两集回忆录。能写是一种乐趣。过去耽误的太多了，不是我错，是党内一些人错。"她说啊说，没有一句怨言，一心只想将生命的余热献给文学事业，并以雄辩的事实和行动，去证实过去的"忍辱"和自己的胸襟。

丁玲早在30年代就享誉文坛，然而，震撼我心灵的不只是她的作品，还有她顽强地同坎坷厄运搏击的精神。可以说，在中国当代文学史上，像丁玲这样在苦难中求生，对真理事业永不失望地追求的女作家，极其罕见。如果说她用天赋的才气和独特的女性激情，写出的作品曾对中国文学事业有所影响的话，那么，她自己一生的经历也是一部苍凉悲壮的史诗。

生命于人只有一次,失去的永远无法弥补,历史的误会可以糟蹋、凌辱人的一生,然而,当一个人宝贵而神圣的生命受到不公平的待遇仍能坚强不屈时,不就真实地完美地表现了她的品德和情操、胸怀和风格?

屋外凉意丝丝,病房内却暖烘烘的。也许坐久了,丁玲有点累,坐在旁边的陈明递给她一条温热的毛巾,替她扶正眼镜,又挽着她慢慢地躺下。陈明情不自禁地说:"生死好几回了。"

"您是怎样看待自己的过去?"像一个爱打抱不平的年轻人一样,我的心发着狠,愤愤不平地问。

她嘿嘿地笑了一阵,突然认真地说:"太委屈、冤枉了,连辩解的权利都没有。开始时以为两三年就会好起来,后来才知道是无限期,永世不得翻身的。周恩来去世时,我已七十多岁了,心想平冤无望了,没想到会有今日。"

委屈、冤枉是符合事实的。丁玲二十岁与进步作家胡也频结婚,1930年11月刚生下第一个孩子,胡也频即与柔石、殷夫在上海龙华监狱遇害。面对这沉痛的现实,她没有屈服。1931年2月7日,丁玲将孩子交给老家的妈妈,离家后毅然参加了中国共产党,没想到,1933年被特务绑架解往南京,三年后被人营救出来,奔赴解放区,1936年又去了延安。

这样一位有着光荣历史的人,因得罪了少数上司,竟然被诬成"反革命"囚徒,真是可悲可咒的歪曲!

自从1957年开始,丁玲就开始过着被人们冷嘲热讽、指指骂骂、轻蔑仇视的艰难日子。在北大荒的十二年时间里(其中三年在牛棚里度过),她与陈明一起养鸡、喂猪、干大田劳动。回忆北大荒的难忘日子时,丁玲又激动地从床上坐起来说:"那是风雪人间,在风暴、风霜中过日子,但究竟还是在人间,人间还有不少好人,我不知何时才能写出他们。那时,生死置之度外,奋斗—不服—右派—农场—奋斗，没有认为自己倒霉，相信时间，相信老百姓。"

这时，陈明一面侍候丁玲吃药，一面深有感触地说："与老百姓关系好，主要是自己以身作则。在北大荒饲养室时，冬天很冷，与老丁同干活的人有孕，老丁照顾她八时上班，自己四时起床生火、剁菜，老丁手腕肿了，排长说右手坏了，还有左手。群众虽不敢说话，但有看法，好几次提议给老丁摘帽子。"陈明慢慢道来，像在陈述一个感人的故事，"'文化大革命'时就更糟了，老丁陪厂长跪，头伏到地，背上再加一脚。在那样的日子，老丁还鼓励支持我为生产队导演《刘三姐》，说尽了力就高兴，人倒霉也要有人的气质，历史会有公论的。"

丁玲忙解释说："老陈十九岁入党，我是1937年在延安认识他的。他在江西、上海长大。在上海住在他伯父的海关高级职员住所。国难当头，到延安救国。他是学戏剧的，我就支持他当导演。他人矮，老百姓为他做高垫鞋。"说完笑了起来，很快地又补充说："因为替我辩护，他也成了右派。我的儿子蒋祖林八岁到延安，十七岁入党，到过苏联留学，学潜水艇的，因我是右派改了行，到干校去。江青在上海要他自认是'一个可以教育好的子女'，儿子回答说：'我是烈士的儿子。'"

我们的交谈随意、自然，没有任何的雕琢，时间在一分一秒地溜过，护士送来晚饭，我仍有想知的事，走不走呢？犹豫不决。这时，夫妇俩把活动的餐桌拉开，丁玲怕我饿了，拿了一个热腾腾的豆沙馒头给我，见他们诚意留我，我们又边吃边谈。

饭菜是特定的，她一面掰开一半馒头给陈明，一面告诉我，1970年从北大荒被弄到秦城监狱，那时身体已很不好，咳嗽、发烧、糖尿病，但坐牢不要劳动了，坐牢就有法律有希望了。谁知一坐就是五年，悠悠白昼、漫漫长夜如何过？她就在狱中看书，从中汲取力量。陈明接着说，1975年，老丁被释放后，他们一起被送到山西太行山偏僻的嶂头山村落户，和当地的居民结下深厚的友谊。（我还听说，他们将自己储蓄多年的上万元捐献给当地生产队买拖拉机。）

我沉静地听着他们的陈述，对于他俩患难与共四十三年的婚姻生活，深表感佩。

"你们的爱情也在风雨中得到考验！"我说。

丁玲说："我比他大十二岁，在延安时，我们同在一个工作队，从认识到1942年结婚，考验了五年。但也有很多顾虑。那时好朋友都不赞成，说我浪漫，找年轻的男人，怕不能终老，我也担心将来老陈会不会变。但我们谈得来，老陈对己严、对人好，不爱金钱、名利，没有私欲。"

"我们的爱情有阻力，人家说不相称。其实，我也不差呀！我不是看她的作家名分，她也没有作家的架子，我只是觉得她单纯、天真、热情，想保护她，才加入了反封建婚姻观的队伍。"陈明说完此话，我才发现穿咖啡色绒布上衣的陈明，原来是这么幽默，这样神采奕奕。

"吵不吵？"我问。

丁玲说："还是有一点好。他比我成熟，我们没有年龄的距离感，他从不悲观，我够悲观了，嫁了一个多情伤感、悲观失望的人怎么办？日子怎么过？他劝我向光明里想，减轻我的精神负担。"

陈明边给丁玲夹菜边说："后来，我渐渐明白自己对她不是同情，而是觉得太不公平，她不应该有如此重罪，故我决定舍弃自己，为她奔走呼号。"

平凡的言语，真实的陈述，展现了他们至善至美的灵魂。想到丁玲《记胡也频》这篇悲戚愤慨、满纸热泪、"疯狂痛哭"的悼文，想到十二年后她又寻到了可以相托终身的伴侣而仍逃脱不了命运的折磨，我既悲伤又欣喜。悲伤的是丁玲的一生，事业、爱情、政治都坎坷不幸；欣喜的是他们有着高尚的情愫，同甘共苦，携手越过一道又一道悬崖峭壁，终于苦尽甘来。记得丁玲在《牛棚小品》中写道，在患难中他们怎样以"缕缕无声的话语，无限深情的眼波""互相凝视"，陈明在片片皱巴巴的烟纸、火柴盒、废报纸上写下的那些激动人心、鼓励支持的文字，对丁玲来说"在随时可以倒下去的心境中，比三十多年前千百倍地需要、千百倍地重要啊！""这些微小的享受，却是怎样支持我度过最艰难的岁月，和这岁月中的多少心烦意乱的白天和不眠的长夜……鼓舞了我的生的勇气啊"。

我又想起陈明在《三访汤原》中写道，在丁玲"生命与一切生趣、关切、安慰、点滴的光明，将要一刀两断，只有痛苦、劳累、愤怒、相思、失望时"，他是如何为她两鬓星霜、容颜憔悴，以坚定温情三到汤原寻找丁玲……

想到这里，我的心怦然跳动。他们在四十三年的苦难生活中，始终"彼此支持，彼此吸取力量，排解疑团，坚定信心，在困难中求生存，在绝境中求活"，这可歌可泣的情愫，不就是一首最美最动人的史诗吗？

"您历尽沧桑，现在还在经受考验啊！"我从沉思中回到现实，说，"不是还有人说您现在仍很'左'，您在'反精神污染'时说了什么话？"

她将餐桌轻轻地推开，双手放在腿上说："别人说好的作品，我提出自己的看法，有人就说我'左'。青年人刚走上文坛，有缺点不奇怪，领导多引导，不要一味吹捧，也不要一棍子打死。我羡慕30年代办的'文艺研究会'和'创造社'，办得很活跃。1981年我到香港一次，住老陈弟弟家，这次在港亮相，让人们看看中国的'左派'到底什么样。"说着又笑起来。

陈明补充说："应该允许有自己的看法，允许批评和反批评，就事论事，不要戴帽子，左与右都是'四人帮'的说法，对工作和团结不利。"

丁玲又慢慢地躺在床上，侧过身子对我说："我老太太十年是一个样，什么右呀左呀，摘了右派帽子又戴上'左派'帽子，反精神污染时，我认为一块白布上有点污染不奇怪，吸掉去掉就好了。现在社会哪里没有污染，工厂都会有烟。是的，开始时我是支持去掉这些污点，后来觉得过分了，也不赞成。作家也要珍惜有利条件，不要做'宾馆作家'，要到群众中去，到生活中去。"

"您几十年都在烈火中锻炼，最刻骨铭心的是什么？"我问。

"最痛苦的是1957年被开除党籍，自己那么爱党，又是老党员，却成了反革命。走到哪儿都无脸见人，又不能好好工作。最快乐的是1979年恢复党籍，能做自己想做的事，可以写文章。"

"您怨恨党吗？"

"中国地大，人多事多，抓得太紧难办，抓得太松也出问题。为此，我常常为国人担心。历史教训不是归一个人负责的，国家走弯路，必有人牺牲。我是受了委屈，但最后救我的还是党。"她的话，流露出对祖国的深切情感，表现了宽阔的胸怀。当她回北京时，曾满怀激情地写道："北大荒的战斗生涯，锤炼着我的一颗红心，人民哺养我，教育我，在严寒中得到的温暖最暖，在烈火中打出的刀刃最硬……我不去怜惜我花费的代价、健康与光阴。我只能把糟蹋了许多人的才智、青春，国家的损失，以及莫大的痛苦，深深地埋在心里……破烂了的，我们能修补；毁灭了的，我们再创造；垃圾，我们清除；创伤，我们医治。"

六十年来，在这苦涩的人生途中，丁玲追求、彷徨、斗争。她曾遍踩荆棘，备受熬煎，她被诬陷、迫害，"被批斗，游行，戴高帽，挂牌子，涂黑脸，剃阴阳头，坐'喷气式'，弯腰下跪，受尽凌辱"。她"被打，坐牢，车轮战、通宵达旦地审讯，长年累月地做苦工,被害得夫离子散,家破人亡……"啊!她在苦液中浸泡,在烈火中锻炼,然而,与世界上任何时代的受苦者一样,一切正直、善良、坚信光明、追求真理的人们,是不会被人民忘记的。1961年,《中国现代小说史》称丁玲"一直是共产主义文学之中流砥柱"。日本出版过三四种丁玲年谱,日本汉学家冈崎俊夫在日本《现代中国文学全集第九卷·丁玲篇》的后记称"丁玲在描写人物上是第一流的"。另一日本学者中岛碧在他的《丁玲论》中,称她为"本世纪一位具有杰出的理性和敏锐的感性的女知识分子"。美国密歇根大学梅仪慈在比较文学博士论文《丁玲小说的思想与叙述方式》一文中,称丁玲是"中国叛逆女性的代表"。威斯康星大学东亚语言文学系的格莉·比约治女博士也在研究丁玲。斯诺夫人尼姆·威尔斯在1939年出版的《续西行漫记》中将丁玲作为一个传奇女性加以介绍。还有30年代美国记者里夫的《丁玲——新中国的女战士》、金森的《丁玲在西北》、斯诺夫人的《丁玲小姐的学校生活》诸文,均中肯客观地介绍了丁玲。

1984夏天,厦门大学举行了丁玲创作讨论会,1985年9月大连举办丁玲创作研讨会,1986年5月,丁玲的故乡湖南省将召开庆祝丁玲六十周年创作研讨会。丁玲说:"受苦时间太长,本想玩一玩,但现在没有时间玩,现在的时间是捡来的,我还有许多事要做,为《中国文学》双月刊操心,许多文章要写,计划写两本回忆录,三本小说,我担心来不及办了。还有……"她沉思了一会儿,语调低沉地说:"还有……我死了,陈明一个人怎么办?"

我该说什么呢?我站了起来。走到窗前,外面是清凉的夜,在朦胧的夜色中,路灯隐约地闪着暗淡的光,想想丁玲经历的一切,我想每一个人都要更加珍惜现在,努力创造未来!

注:香港《明报》编者按:名作家丁玲于1986年3月4日逝世,

逝前数日在北京协和医院病榻接受本文作者访问。这当是丁玲最后一次接受记者的访问,故以此为文题。

1986 年 3 月

丁玲 1985 年 11 月于北京协和医院接受作者采访

丁玲与陈明 1985 年 11 月于北京协和医院(林湄　摄)

林梅如惠
丁玲 1985.10.26.

丁玲散文选

人民文学出版社
一九八五年·北京

094344

林梅女士：

要把根扎在人民中去！
心中要有一个人民

丁玲 一九八五年十月廿六日

深沉广博的爱
——于巴金寓所的访问

阳光是那么柔和,周遭是那么宁静。要不是路旁法国梧桐树上挂着脆黄的叶子,难以想到,这就是黄浦江畔的冬天。

我带着对巴老的尊敬,带着思索,行走在这陌生又向往的路上,听说近年来他已谢绝一切来访,我担心自己吃闭门羹。好在陆谷苇先生是巴金家的熟客,在他的带领下,我们来到一道绿色的铁门前。

开门的是一位年逾古稀的妇人,见是谷苇,笑容中带着暗示:巴老身体不好,掌握时间。

这是一座假三屋实际两层的花园洋房。园内有青翠的香椿树和冬青树。大门的石台上,摆着两盆火红的圣诞花。经过门廊,左边是睡房,右边是会客厅,厅的右侧钢琴上摆着巴老的塑像,长方形矮桌上随意地放着报纸,左边书柜内,摆满了书籍。沙发的后面是放工艺品的玻璃橱,右近墙上挂着吴作人画的熊猫和一幅法国画家的油画——《红虾》。

我们悄悄地寻找着巴老,原来他在会客厅外的走廊上,正与萧珊的弟弟谈话。(走廊是三年前整修的,这里所写的走廊实际是外面加盖的长房。）

我蹑着足走到他的面前，紧握他的手，他架着眼镜，眼神充满了唐突感。须臾，又流露出慈祥的微笑。

谷苇说明了我的来意。北京的萧乾先生托我带一个按摩手心器，让我转交给巴老。巴老看了看我，很快想起了去年在香港初次见面的情形。很快地，他顺手拆开按摩器的塑料纸，将橡皮圈握在手中。

我不想作刻意的采访，让一切自然地进行吧！

我们先问候他的近况。巴老告诉我们，他的《随想录》已写了四本，第五本写了十五篇，目前身体欠佳，进度很慢，心里很焦急。说到《随想录》，我想起了巴老在《随想录》中多次写到噩梦的荒唐和可怕，于是问道："我在《随想录》中发现'文化大革命'留给您的阴影太深了。"

巴老正色地说："这一生除了'文化大革命'受苦外，还算顺利。古人说'穷而后工'。年轻时因苦闷去了法国，先在巴黎拉丁区的小公寓楼上提笔，后来到了蒂埃里堡的小城，才开始写小说。到了花甲之年，亲身体会到'文化大革命'的灾难，经过这段历史，头脑清醒了，我第一次发现，不少人讲假话，言行不一致。《随想录》的主题思想是想通过事实辨明真假。在这些集子里，表明我要尽力做一个言行一致的人。"

我静静地听着他的叙述，每一句每个字都令我深省。记得他曾多次提到："作家在生活中做的和在作品中写的要一致，要表现自己的人格，不要隐瞒真正的内心。"（《答上海文学研究所研究生问》）然而，在现实生活中，言行一致的人又有多少呢？

显然——这是对人的一种严峻的考验。

他见我纳闷，很快地解释道："我年轻的时候，受托尔斯泰的影响很深。托尔斯泰是个毕生追求言行一致的人。我也觉得，辨别人的价值在于：是给予还是获取。"听，这富有哲理性的警句，不就发人深省、催人自新吗？

初冬的阳光，透过走廊的玻璃窗，照在他红润的脸上，他喝了谷苇送上的一杯热水，两手放在座椅的扶手上，若有所思地说："昨天看了《光明日报》，有篇文章说当前通俗文章泛滥。其实在40年代，即使是锦章书局、广益书局大出古旧小说，也不可能像现在这样广为推销，形成泛滥。现在的问题是国营的出版社向钱看，喜欢出版销路好的书。说说不要钱的漂亮话容易，做起来是困难的。"他的话，坦率而有分量，自然而深沉。

说到当前文艺界的某些倾向，巴老认为："作家必须对社会有责任感，办文学刊物不完全是为了挣钱，还要有高尚的精神，这是对作家的一种考验。"

我们的谈话在继续。萧珊的弟弟要告辞了，巴老照惯例亲自送客。他回到座位之后，另一个老妈妈又端上一杯水。我好奇地问："家里怎么这么多老妈妈？""两位是妹妹，两位是保姆。"原来巴老同父异母的兄弟姐妹多，现在还有弟弟和妹妹各两位。住在这里的妹妹都已古稀之年了。

老妈妈的到来使我想起刚才她对谷苇的暗示，心里便开始不安了，连忙问巴老有关他近期写的关于名人烦恼的文章。

他笑着说："从明年开始，要安静下来，把过去所写的东西好好整理一下。"

阳光和煦地照在他那稀疏的白发上。一身蓝色的中山装呢服，有助于流露他的善良和安详。他还告诉我，30年代，他经常到中国的香港，那时的香港还不如上海繁华，现在却走在世界的前列了，这是香港人的功劳。

"我希望在香港再见到您。"

"希望如此！"他点着头说。

我写过，我是怀着敬爱的心来拜访他，既是敬与爱，自然包含了理解。我看看表，心想该告辞了。这时，自然地想留影纪念。

正当我捕捉到他一副慈祥的笑容时，谁知天不作美，我的相机出现了故障，顿时，懊恼和焦急之情溢于言表。不料巴老和蔼地说："以后带上两部来，保险点。"为了不让我扫兴，他答应我第二天上午九时来补拍，我除了感激，不知说什么好。我感到，作家和读者之间，虽隔着千山万水，但是，因着理解，把感情、思想拉近了。

临别时，他又照例起身，我和谷苇搀扶着他走向后门室外。园内空气清新，径旁的一棵大树——那棵著名的玉兰花树，叶子又绿又厚。他边走边告诉我，在这里已住了三十年。须臾，指着旁边的一棵枇杷树，说是他亲手移植的。我望着枇杷树，树叶虽已凋落，枝干却傲然挺立，显示出无比的生命力。当然，我也从他语重心长的语调中，觉察到巴老生命的毅力和美德。

翌日，为了实现愿望，我和谷苇各带一部相机来到巴老家，开门的仍是他的妹妹。

走到客厅，听见老妈妈的声音："等等他就下来了。"我正想登梯上楼，则被她制止了。只好无奈地立在梯口。这时，楼上传来巴老的声音："让她上来吧！"

我又惊又喜，登着梯级上楼。

二楼的格式与一楼一样，右边是摆着书柜的书房。所不同的是，这个书房右侧有一张写字台，台上放着他在香港拍的一张大彩色相片，桌上摆设简单。巴老告诉我："晚间在此写稿，白天则在外面的桌上写。"

巴老所说的外面，实是三面围墙、一面玻璃窗的"走廊"。这时，巴老从书房蹒跚地走出来，迟缓地坐在"外面"的一张靠椅上，带着四川口音说："白天在这里工作。"

桌面摆满了文具和信笺。巴老就在这小小的书桌上，与世界各地的友人沟通情感；也在这张桌上，寄托了他的快乐与痛苦，探索和追求……

书房和走廊的书架上全是书。我奇怪他捐送了那么多书还有这么多？我能在这样的环境拍照，实在是幸运的。为了让我们拍好相片，巴老女婿拿着一把梳子给巴老梳头，流露着亲情的关怀与爱意。

出乎意料的是，这时巴老不用人搀扶，拄着拐杖领我们到书房隔壁他的睡房去。

睡房的正墙下有一张单人床，枕旁放着昨天我带给他的萧乾送的礼物——手心按摩器。这个小小的橡皮圈，表达了两位作家之间的友好关系。

床头的乳白色石壁柜上，放着一张八寸长的萧珊黑白遗照。见到遗照，我又想起每次采访提及萧珊时，巴老的眼眶便慢慢地湿润起来了。此时，巴老指向床旁五斗柜上的一个盒子说："里面是萧珊的骨灰。我时时想到萧珊，这是真话。"

巴老在他的小说中，对于封建包办婚姻表示满腔愤怒。他自己十九岁时逃到上海，后来又去了法国。"为了写作，避免为生活奔波，我到四十岁才结婚。"（《文学生活五十年》）

记得昨天他说："我是1936年和萧珊认识的，她原是我的读者，我们是自己认识的。在"文革"时期，萧珊在我身边，她的感情牵系着我的心。"

我笑问巴老："您成名后，有没有女子向您表示过爱情？"

"有。收到信后，我总是回信婉言拒绝。我觉得谈恋爱要负责任。凭介绍不会产生爱情，讲条件也不是爱情。目前中国仍然存在着不少封建主义的东西。"

巴老对萧珊坚贞不渝的爱情令人感动。可惜，萧珊对丈夫的担忧还没有结论时，便于1973年病逝了。当时，巴老恸哭着说："让一切灾祸朝我头上打来吧！""我愿意为我十四卷'邪书'受到千刀万剐,只求她能安静地活下去!"

我望着骨灰盒,外面用布盖着,盒是木雕的。巴老补充说:"她就在我的身旁。"这句话,我从《随想录》中读到,还记得巴老怀念萧珊的一段话:"她非常安静,并未昏睡,始终睁大两只眼睛。眼睛很大、很美、很亮……"如今我亲耳听到他的叙述,心情更加沉重!然而,沉重中又有着对"爱"的真谛的理解和探索。

自古以来,人间就有演不完的关于爱情的戏剧。可是今天,在爱情成为金钱、权势的奴隶的年代,这骨灰盒是怎样地令我震颤!巴老的爱情,如同台上那盆火红的圣诞花,在这萧瑟的冬天,增添着人间的美与善、真诚与光彩。要是萧珊地下有灵,她应该感到自己是世界上最幸福的女人。

一会儿,巴老又指着房左角的小床说:"这是外孙女端端的床。"我趁此转过身,向四周望了望:对面的玻璃柜里,是世界各地友人送给他的礼品,"走廊"是巴老女儿和女婿的住房——为了随时可以照顾他而特别安排的。是的,一切的摆设都使我想起《随想录》中的句子。

临别,他又拄着拐杖,送我们到门口说:"希望这次拍得好。"我又紧紧握着他的双手,再次在他慈祥而又温和的眼神中寻找到人间的真、善、美……

巴老的心灵、人格与他的作品一致。

他的形象永远铭刻在我的心中。

1986 年 1 月

附:巴金访港记

刚获香港中文大学颁发的荣誉文学博士学位的著名作家巴金先生,几天来在香港参加了不少活动,接待了许多来访者。这位满头华发的八旬高龄老人，10月23日下午，安详地坐在客厅的沙发上，精神奕奕、脸带笑容地与记者进行了四十五分钟的谈话。

谈到当前内地正在进行的经济体制改革时，记者问巴老："文艺界是否也要改革？"巴金说："周围的一切都在变化，文艺界要跟上形势，自然也要改革。"但如何改革呢？老人表示因近年身体不好，许多情况不太了解，不想多说。他认为文艺界要针对自己的毛病、存在的问题进行改革。如："有框框的作品，读者不欢迎。以前有些作品简单化，好人出来像个好人，坏人出来像个坏人，千篇一律。"

听了巴老这句话，记者想起了他的名言："作家要思想解放，要有自己的独立思考。"

巴金在"文革"期间的屈辱和痛苦中没有倒下，现在继续与疾病做斗争，在各种困难中坚持写作。他的这种可贵精神鼓舞着海内外的青年文艺工作者。问他对香港的文坛有什么希望和建议时，巴金意味深长地表示，香港的文艺应该和美丽、繁荣的市容联系在一起，建议香港办两三种文艺刊物。他说在香港办文艺刊物不容易，要想办法推广，"我们过去办刊物，是几个进步人士自己出点钱办起来的"。

巴老对朝气勃勃的香港青年寄予很大的希望。他鼓励香港青年文艺工作者多从事业余创作。他自己就是从业余创作转为专业作家的。他认为业余创作者有丰富的生活内容，才能深刻地反映社会现实。

谈及大家所关心的台湾文学时，巴金希望中国大陆和中国台湾作家、艺术家多交往，定期召开座谈会、讲座会、研究会。内地方面是很有诚意的，希望香港作家在这些方面能起桥梁作用。

对于自己的创作体会，巴金多次提到："我没有什么本事，也不懂得写作技巧，靠感情动笔，就这么一点了。"的确，他的真挚感情完全融入作品中。正因为如此，使广大读者读他的作品时，如临其境，如听其声。当记者表示读了他的《忆萧珊》《再忆萧珊》两文时竟然流泪了，老人声调突然低沉地说："萧珊去世后，我就想写，当时写不出，后来才写，我写的时候也是流泪的。"这时记者见到他眼眶红润，可想而知，老人的内心包藏着对萧珊多么深沉而难忘的爱恋啊！

记者表示广大读者对他的景仰还在于他的作品与人品一致。巴老和蔼地说："我就是要证明一点：不讲假话，我要言行一致。"

巴金是中国新文学运动的一员猛将，也是中国知识分子的一个代表。他历尽沧桑，驰名世界，是什么力量令他在生命的最后里程里，继续以不屈不挠的精神从事写作呢？巴老回答说："既然活着，要活得有意义。生命不是单单领取，生命在于不断地给予。"

他解释说"死"并不可怕，每个人都要面对现实。在"文革"中，他就对死看透了："当时很多人想到死，不少人支持不住便自杀。我相信总有一天光明会到来，才坚持到最后。"

记者问巴老目前的健康状况时，老人幽默地说："空手来，空手去。"他说已把后事安排好了，"只是文章还没写完，心里焦急，坐立不安。"

记者和巴老告别前，他用颤抖的手在记者新买的《病中集》第一页内写下：大胆、大胆、永远大胆！

注：1984年10月23日，作者在香港以中新社香港分社记者身份，于香港中文大学采访巴金后写的访问稿。

1984年10月

1984年于香港中文大学采访巴金先生，右为中国新闻社香港分社陈明先生

1985年冬于巴金先生寓所，作者手持巴金先生题送的小说《寒夜》

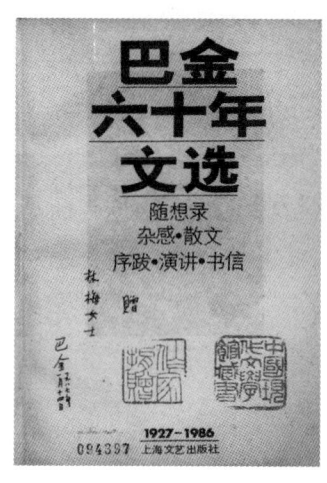

林梅：请原谅我"直呼其名"，倒并不是因为您不是"林老"。您的文章我拜读了，不过我并未改动什么，我只指出几个不妥的地方，望著者酌改。给您，或者就由他解决。了解我并不是容易的事，我也是经过长时间的受苦和思考以后，才懂得正视自己。的意义才对自己提出较严格的要求。言行一致，说真话的确不容易，但我们至今仍朝着这个目标走去，一步一步地向前走，会有进步。人排除自私是做不到的，当然不是一天就能完全解决问题，但可以逐步解决。性情本无所谓善恶，老的善老是在我们社会的大油锅中接受考验的。我在锅里熬了几十年，仍直在受，但我那颗热爱生活、爱光明的心始终未变。世间有多少美好的东西，也有多少丑恶的东西，我们活着就是为了支撑美好的，打击丑恶的。让人有故事讲，也比仅仅个人消长的欲求，使成为个人的最大幸福是个人的感情溶化在集体的感情中间，旁让过者的创伤吧，挺起胸膛来，前面是一层阳光，首先在事业上去求得安慰。为了不至为一封信耽误了这点儿请谅。下次再谈。祝

好！

巴金 八六年十一月十日

收穫社

为什么要变现在？

北国深秋忆春水

——冰心印象记

  1985年深秋,一个假日的下午,我兴致勃勃地来到了北京中央民族学院。校园内树木处处,片片黄叶随风飘落,地上像铺满了彩色的地毯,脚踩下去发出嗦嗦之声,满目萧瑟,一片静肃,真是秋景秋色秋愁啊,只是此时无心欣赏,因为有一件更令人向往的事吸引着我——见冰心女士。

  这个美好的愿望,存在我的心里已经很久了。早在少年时代,从粗识"之无"的时候起,读着冰心的《繁星》《往事》《寄小读者》等诗和散文,那"满蕴的温柔、微带着忧愁"的艺术境界,虽然因年少无法领略,然而,作品中那温馨的爱却溢满了我的心田。从那时起,我便幻想着,如果有朝一日,能见到这位可敬可爱的女作家,该多好啊!

  此时,这多年的美好愿望即将实现了,心里兴奋又紧张!

  当我来到高级知识分子大楼,站在三楼冰心住所门前,用微颤的手轻叩房门时,开门的是她的二女婿,他客气地招呼我坐在客厅的沙发上,这时,我看到正面墙上的一副条联:"世事沧桑心事定,胸中海岳梦中飞"——这是梁启超1924年书赠冰心女士的。这时候,冰心老人从房间里走出来,右手挂着一支海外友人送给她的银色助行器。(后来我才知道,1980年,冰心访问日本回来后,不慎跌倒令腿骨折断,虽施过手术,行动仍然不便。)

她一进客厅,便亲切地同我打招呼,"来啦!"我想,这或许是前几天求见的电话里,她已经知道我是她的读者、她的同乡,又来自香港。她谈起话来,有条有理,声音清晰、洪亮,完全不像八十五岁老太太的声音。

她身材不高,体型适中,五官匀称,耳肉丰满,头发斑白,脸上虽布满皱纹,但仍有秀气,一副老人的福相。此时,她坐在我对面的靠背椅上,双手交叉放在腿上,端庄、安详。枣红色的小格子上衣,蓝色裤子,非常得体。面对这位沉静、朴实而又严肃的老人,心想与她那些清新隽永、感情丰富、笔触细腻、爱恨分明的作品,似乎有点不协调。

我知道她的丈夫吴文藻先生病逝不久,冰心老人正经历着失去亲人的悲痛。不过来此之前,听一位与她相熟的朋友说,老人家感情丰富,但性格坚强,只有在熟人面前她才流露出内心的哀痛。当我提起吴先生的时候,老人语气平静地说:"1957年反右派斗争时,他没死已算幸运了。他活的寿数也不算短,只是比我先走了一步。"

冰心和吴文藻的恋爱婚姻,像一支爱的赞歌,又是一个动人的故事,直到现在仍然令人羡慕,值得效仿。

青年时代的冰心,对待爱情态度十分严肃。她在燕京大学讲课的时候,同学们常常用两句话来形容她:"静如止水,穆若秋风。"这话是否贴切另当别论,但她的端庄仪态的确曾令爱慕者望而却步。这些爱慕者后来都成为著名的作家或学者,如许地山、罗家伦、徐志摩,当年都曾倾心冰心——然而,由于各种原因,均被拒绝了。

吴文藻(1901—1985,江苏省江阴人)是幸福的,他的坚贞和细心赢得了冰心的芳心。

1923年，他们于驶往美国的船上邂逅。当时，吴在清华大学毕业后考取了官费留学而前往美国。在同船的一百多位学生中，冰心的美貌引起了大家的注意，加上她的名气，令一些人敬而远之。吴文藻胆子最大，他利用一切机会千方百计接近冰心，同她一起在甲板上散步，为她排解寂寞，照顾她的饮食。但是，这一切努力，冰心似乎无动于衷。还好，吴文藻并不灰心。

到了美国之后，冰心就读麻省的一家大学，吴则在纽约入哥伦比亚大学。两地相隔，并没有动摇吴的决心，他经常去看望冰心，爱护她，关心她。"精诚所至，金石为开"，冰心终于接受了吴文藻的爱，1929年，两人结婚。他们互爱互助，同甘共苦，相依为命，共同生活了五十六年。可以说，爱情支持了他们的事业，共同理想又滋润了他们的爱情。

也许是冰心严肃的爱情观决定了她一生的幸福。回忆这甜蜜的往事，冰心老人对我说："我们从恋爱到结婚，中间经历了六年时间，其中有三年是分地生活的。经过这一段分离、通信、了解，爱情得以考验。"听了老人这几句话，我沉思良久……

他们结婚后，生活幸福美满。1931年，有了爱情的第一个结晶——一个可爱的男孩出世，取名吴宗生。后来，大女儿吴冰、二女儿吴青先后降生，使这个幸福的家庭更加幸福了。

谈话中，冰心老人再三说，家庭的和睦主要来自家庭的教育。而且，必须从小孩子的时候开始进行，所以，她十分注重儿童培育、成长。她热爱儿童，讴歌童真，全心为他们写作。她说："儿童很好玩，他们活泼、天真、可爱，最重要的是不懂得'假'。"须臾，补充道："文学作品可以引导儿童的心灵走向美好。"

作为一个辛勤笔耕了数十年的女作家，冰心用她赤诚的爱、火热的心，写下款款温柔、至真至深的诗语："尽我在世的光明，来讴歌神圣无边的爱""我生命中只有'花',和'日光',和'爱'"。

在这肃穆、深沉中,她用纯洁如洗的情感,为天真烂漫的儿童写下《寄小读者》《往事》那些温润秀洁、笔触清婉的通讯。

在这淡淡的微笑中,她曾满怀逸致,对大海的"妩媚、遥远、璀璨"作过热烈的描绘。

是啊,冰心的作品就这样影响着一代代的小朋友。

谈到自己的创作道路,冰心老人说:"我原来是学理科的,是五四运动逼我动笔的。"

的确是这样的。了解冰心的人都知道,五四运动时期,冰心在北京就读的学校不久并入了燕京大学。那时冰心很活跃,是女学界联合会的宣传部负责人,加上她喜爱文艺,又有深厚的文学根底,因而,社会的变革激发了她的创作热情。她第一次用"冰心"笔名,在北京《晨报副刊》上发表了她的处女作《两个家庭》。该报的编辑正是她的表哥刘放园。这个副刊,提倡文艺,在文化界有广泛的影响,可想而知,这是冰心创作道路的开端。后来她又创作了《斯人独憔悴》《超人》《南归》《去国》《问情》等小说。

其中影响较大的是她的《寄小读者》,这是冰心在美国留学时创作的散文,寄回给《晨报副刊》,在《儿童世界》栏目陆续发表,分"通讯"和"山中杂记"两部,共有二十七篇。那些诗一般的散文,滋润、启迪了中国儿童的心灵和智慧,影响力不可估量。1926年上海北新书局印刷出版,至1935年的十年间,共印了二十一版,这些优美感人的散文,奠定了冰心在文学界的地位,至今仍受到读者的喜爱,50年代,冰心继续写着《再寄小读者》。

冰心写了大量散文,汇编成几种集子出版。除了小说、散文之外,也写新诗,有《繁星》《春水》两部诗集。她的诗以赞美自然和讴歌母爱为主题,形式自由无拘束。

这时,我问冰心老人:"写作需要灵感吗?"

她说:"我不喜欢说灵感,那似乎太神秘了。我是逢到什么事情,动感情了,睡不好觉,就写起来了。当然,有感情还要有表现能力,没有驾驭文字的能力,没有文学细胞,感情动了,还是写不出来的。"

接着,她打了一个生动的比喻,"如同母亲生孩子一样,母亲说不出哪个孩子最令母亲满意。"她认为读者才是最好的评论者。

现在,冰心老人正在写自传。

祝愿她身健笔健,新作早日问世。

冰心的气质、性格、情怀、追求,以及她的生活观、爱情观诸方面都是和她的家庭、环境、教育以及时代分不开的。

事后,当我回忆与冰心老人这次愉快的会见,并重新翻阅她的作品和有关资料时,深深感到,比起同时代的女人,冰心是幸福的。正如别人所说,她的童年是幸福的,青年是光耀的,壮年是温馨的。这话不错。我还想补充一句,如今,她的晚年是愉快、安定的。

访问过程中,冰心老人曾领我到她的卧室,房间约一百五十平方尺,门旁平行放着两张单人床。床旁的座椅上有一双雪白的波斯猫正蜷曲着身子睡觉。临窗合并着两张颇大的写字台,后面的书架上摆满了书刊。

老人告诉我,一年多前,他们还住在五十平方米的小屋,在那儿度过了二十八年,直至1983年12月9日才搬来这"高级知识分子楼"。为照顾老人的生活起居,吴青一家就住在隔壁的一套房子,两套是打通的。现在,冰心老人每天上午九时到十二时就在这张台上写作或者回信,有时翻阅书籍报纸。

我望着冰心老人,看看她脸上的道道皱纹,以及她经世而豁达的神情,不由得感慨万千!时代的轨迹,不仅反映在她的作品里,也深深地刻在她的面孔上。

冰心自幼不同于一般女性。她原名谢婉莹,福建闽侯人。因为父亲曾任清代海军要职,她幼时生活在山东芝罘岛。无垠的大海,连绵的青山,自由的生活,陶冶了她的童心,启迪了她的智慧。母亲成了她的启蒙老师,教她认字,给她说故事。她的舅父曾担任过她的老师。辛亥革命时,她举家回到福建,曾入福州女师。1913年又随家人来到北京,先入中学,后入大学,1923年毕业于燕京大学,同年去美国深造。1926年学成归来,当了母校的文学教授。后来又经历过抗日战争、国内战争。曾随丈夫出使日本。1949年后,她的经历是人所共知的。

许多年的悠悠岁月,经历过人生种种的挑战。在六十年的文艺天地里,不论遇到"射猎的女神""游牧仙子",还是"海的女神""花的仙子",她均像"勤慎的园丁",尽心尽职。如今,她的青春虽已逝去,然而,她得到了永久的有价值的东西——人们的敬爱和尊重,一如她的作品一样,永远年轻!

1986年3月

1985年11月作者于冰心寓所采访

林楣女士：

连华寄来的十七桐及这文章都收到了，感谢之至，这"父亲在十九岁有温柔之词"只是写到父母爱情之一段给我写一研究年月记错了，上次年不是37年。

北京今年很暖，春天才有一场雪天家书欢如了：深祝华健！

冰心 三·三

愿在这新的一天，新的一年
带来无限希望，幸福与欢欣

And all the beautiful days
a year can hold!

冰心于 1987 年寄给林湄的贺年卡

天我为大　有本不穷
——我所知道的梁漱溟

提起梁漱溟，人们就肃然起敬，称他是有骨气知识分子的典型。拜访梁老时，果然名不虚传！耄耋高龄，更显本色。正如他所写："人心是灵活的，自然无偏颇，气质却相当凝固而有偏。"

承中国文化书院院长汤一介教授的引见，我来到北京木樨地的一幢高楼内拜访了梁老。真巧，那一天，是梁老的九十四岁大寿。

梁老正襟危坐在靠近阳台的客厅沙发上，头戴一顶深蓝色的圆帽，穿一身浅深不同的蓝色和服，目光炯炯。他身材高而瘦，却很结实，像一株古松巨干，苍劲而刚毅。此时，他两手插在相交的袖筒里，清瘦的脸上，有一股凌霜之气，凹陷的双颊有两道深纹，由于嘴巴抿得太紧，几乎看不见嘴唇了。偶尔，眼神显得犀利明亮，像是不可侵犯的圣者姿态。

虽然我已站在他的面前，他仍然冷冷地望着我。

见他如此庄严、冷傲，我感到为难。自然，很快地，我将他的外表神情与性格结合起来思考了。

了解梁漱溟的人都知道，他走过的将近一个世纪历程中，经历过外强入侵、军阀混战、国共纷争、社会的动乱，从从事文化、学术、社会运动、农村工作到关心政治活动，在此过程中，有进退、浮沉，有快乐和痛苦、追求和希望。可贵的是，无论何时何处，他均矢志著书，写下了《州前文录》《州后文录》《东西文化及其哲学》《中国民族自救运动之最后觉悟》《乡村建设理论》《中国文化要义》《儒佛异同论》《东方学术概观》《我的努力与反省》等，进入晚年高龄阶段，仍完成了《人心与人生》的大著。

梁老虽然巨著等身，但给人印象最深的还是他的人格与品行。他平生力行"独立思考，表里如一"的人生观，所以在为人处世中处处显出他刚正不阿、直言不讳的性格。其"天我为大，有本不穷"的人格，深得海外人士的尊敬。

"如何看待传统文化呢？"针对以上背景资料，我坐在他的身旁，终于开口了。

梁老耳朵不灵，我重复了几次，他才声调铿锵地说："西洋近代文明是纯粹的物质文明，他们对大自然有了认识，懂得征服和利用，上天下地，认识自然。中国的传统文化是自古相传的，人与人的关系，讲究父慈子孝、兄友弟恭，互以对方为重。"文革"期间就是反传统文化的一时风潮。而西洋近代文明是以自我为中心，个人本位主义，所以讲究自由平等。"

"梁老，你曾写过孟荀以来，中国学者好为性善性恶之论辩，其为说多不胜数，而可取者少，那么，人性到底是善还是恶呢？"

梁老听后立即脱下眼镜，目光犀利地望着我问："你说呢？"

"恶。"我说。

"恶？你承认你自己是恶人吗？"他停顿了片刻，接着有点激动地说，"人有亲善的可能性，只有人才有，但要努力去实践，才能超脱动物性的限制。"

我点点头，明白了他的意思，接着问："你向来有话直说、表里如一，我认为这种人总是吃亏的？"他听不清楚，我重复了一遍。

想不到他站了起来，来回走了几步，将椅子拉到我的对面，然后坐了下来，声色俱厉地问："你怕吃苦吗？那么你想占便宜、想滑头吗？"

他那么认真、执着，又回答得那么坦诚，我笑了起来，说："我不想占便宜，也不想吃亏，怎么办？"

"要凭良心去分析好与坏，你认为对的，要坚持，宁愿吃苦都要坚持；对于错误的，只能采取应付或躲避的态度，这不是笨、糊涂，而是策略，如果你认为自己有能力，也可以与之进行斗争，那么，你要估计斗得过吗。"

短短的一席话，他的态度、神韵以及那威严的眼神、端重的语调，使我想起"人如其文"四个字。真是：闻所闻而来，见所见而去。

我对站在他身旁的梁公子说："你父亲讲话不留情！"

他笑了笑说："他对任何人都是这样的。"其实，我又何以为怪呢？想起他在"批林批孔"中，面对权势、霸气、厄运，面对种种诱迫、威胁、诡计，仍坚持自我、不卑不亢的态度，那么，这眼前的一切，不但不难理解，反而加强了我想进一步采访的兴趣。可惜，他到底已九十四岁了，耳朵不太灵，说话吃力，这天又是他的生日，时已夜晚，老人该休息了。

见我起身辞别，老人连忙让他儿子送我一本著作，须臾，他握着笔，以微微颤动的手在书扉页上签名，我接过书一看，是《我的努力与反省》，不由得激动又敬仰，心想，大千世界，滚滚红尘，无论哪一阶层的人，成也罢，败也罢，有多少人愿意真正地"努力"和诚心地"反省"呢？

1988 年 3 月

94岁的梁漱溟在送给林湄的《我的努力与反省》一书页上题字（林湄 摄）

于梁漱溟寓所采访

梁漱溟题赠给林湄的书《我的努力与反省》

最终"相信了自己"

——访哲学史大师冯友兰

在中国现代哲学史上，能够称得上"著名的家"的人寥寥无几，冯友兰先生就是其中的一个。

冯老是河南省唐河县人，今年已九十四岁了。他出生于书香门第，父亲是清光绪戊戌科进士。伯父、叔父都是秀才。父亲、伯父、姑母都能写诗。冯友兰在母亲的监督下，七岁开始背读《三字经》《论语》《孟子》《大学》《中庸》，再大几岁，就读《书经》《易经》《左传》了。十七岁入上海公学上学，1915年考入燕京大学，开始读一些从西洋报刊翻译过来的文章（所谓新学和西学）。1919年到了美国，1923年毕业于哥伦比亚大学研究院。回国后的近六十年，分别在北京大学、清华大学、西南联大任教。可以说，他的一生从师道路是比较顺利的。

冯老在哲学上的著作多发表于抗战时期。那段日子，他出版了《新理学》《新事论》《新事训》《新原人》《新原道》《新知言》，填补了胡适没有完成的近代哲学史的空缺。不久，又写了两卷《中国哲学史》，想用现代观点解释朱熹的哲学问题，以阐述他心目中的传统文化。

海外学者翻译了冯老这两卷书，作为研究中国哲学的主要著作。

可惜，50年代之后，冯老对自己40年代所写的那几本书忏悔起来了。在忏悔中重新写了《中国哲学史新编》，认为传统文化是唯心的。"文化大革命"时期，冯老被"四人帮"利用吹捧了武则天，批判文人。因而，不少文化界人士谴责他是"四人帮"的"御用文人"，如舒芜的《四皓新咏》诗之一，讽刺其"应帝王"之篇和"文化大革命"时之过。

对于以上的经历，冯老在《三松堂自序》中写道："这个旅程充满了希望和失望，成功和失败，被人理解和被人误解……许多人，尤其是海外人士，对我似乎有点困惑不解……"然后，进而解释道，"反复修改《中国哲学史》，最后一次从头重写……三十年来就这样修订重写，还没有出版定本。拖延的原因，一方面是由于非我主观所能决定，另方面也是由于在许多论点上，我还在踌躇，没有做出最后决定。我一直在左右摇摆，踌躇不定。因为这实际上是一个如何解决不同文化之间的矛盾冲突的问题。"冯老的这番话及所持的观点，在我对他作专访的时候，他再次陈述了一遍。

但这毕竟是过去了的事情。

时间过得真快，生活像车轮般滚去，每当手捧他送给我的《三松堂自序》，看到他题给我的歪歪斜斜的字，脑海就呈现了那次难忘的会见。

那是1987年初秋的一个傍晚，我来到北京大学的燕南园。

燕南园，这是北大名教授寓居的福地，然而，经过时间的推移和风雨的洗刷，眼前的燕南园，在秋天的暮霭中，显得萧瑟又冷漠！错落在园内的古旧平房上，蒙上了灰色的厚重的尘埃，四周是落叶飘飞的树林。

我好不容易才找到了冯老的寓所,开门的是冯老的女儿、著名的女作家宗璞女士。

刚进门,便觉得书香气十足,那字帖、砚墨、字画、木桌椅等等,全然是古色古香的,毫无洋味。长长的走廊上,靠墙是一排书柜,里面摆满了线装书和文史书。

一会儿,走廊那边传来了橐橐的脚步声和拐杖落地声,我看到宗璞扶着冯老蹒跚地走过来了。

只见冯老身材魁梧,穿一身中山装,令人注目的是他颌下的一束长须。看样子,冯老走路、耳朵、眼睛都不太灵了。好在思路仍然十分清楚。宗璞让他坐在客厅的沙发上,他告诉我每天仍工作两个小时(上午九点至十一点),下午听研究生读报,口授给研究生记录,即续作《中国哲学史新编》的第七卷(已完成六卷),现写到曾国藩、康有为、严复他们了。

访问哲学家,自然问起他的本行,我说:"如何理解你说的人生有四种境界(即动物、功利、道德、天地)?"

冯老带着河南老家的口音说:"人身上具有动物性与人性的性情,境界高的人道德观念也高,不会像功利主义者,做什么事都要为自己利益着想。现实生活中,多数人是功利境界的。"

我连忙问:"是否与民族文化、素质有关系?"

"有,但不是绝对的。加强学习、自身修养才能提高境界。"他说。

接着,冯老认真补充道:"要批判,但不能一概抹杀,应该继承民族精华,提高思想境界,境界从哲学发展,仁者人也,当今社会,具有天地境界的人太少了,'爱'太少了,人有了天地境界,自然爱人。人之所以为人,人者仁也。"

"你的意思,中国近代没有哲学吗?"

也许，刚才冯老话讲多了，开始气喘起来，他沉思了片刻，接着说："宋明道学发展了孔孟和儒家思想。毛泽东的思想仍然是哲学的一部分。将马克思普遍启蒙真理与中国实践相结合，是了不起的思想。"

我便问冯老是否与周一良写过批判文章。

原以为此问会引起他的不快，想不到他豁达地说："他们请我做写作班子的顾问，实际上，我没有做什么事。当时老强调知识分子再改造、再学习的问题，政治局又开会决定'批林批孔'。我的意思是批林不批孔，但每天收到很多工农知识分子的信，鼓励我'批林批孔'，这样一来，我对自己也没有信心了，只好相信党相信群众，以为学校党委的意见就是代表中央的，我也就不坚持自己的观点了。'文化大革命'期间，江青可威风哩，这是奇特的事，也是中国人的不幸，对每个人都是一大教训。"

这时，站在他身边的宗璞补充说："十一届三中全会是新的开始，人又相信了自己。"

是啊，人的一生无论走了多少弯路，到最后能够清醒过来总胜过至死不悟。冯老相信了自己，于是重新提起笔来，在《明志》篇中写道："我们能做的就是将中国古典哲学中有永久性价值的东西开发出来，作为中国哲学发展的养料，看它是否可以作为中国哲学发展的一个来源……这些看法，我将在我的《中国哲学史新编》中陆续反映出来。"

近年来，冯老担任了中国文化书院的名誉院长，为传授知识，这间书院按宋明书院讲学的形式教学。他主张旧邦新命——阐述过去文化传统为现代化服务。这些，均是他找到了自己之后的实践行动吧！

他的确老了，说着说着，有时会闭上眼睛，不知是在思想什么，还是累了困了？当然，我也不便多问了。

这次采访,虽然时间有限,但他则留给我一个永恒的记忆!读者也可从我们的问答里,得到启迪和帮助。

1988 年 11 月

1987 年 12 月,冯友兰用颤抖的手写下了给作者赠书中的题字

于北京冯友兰寓所采访

治学处世两不易
——访红学家俞平伯

久闻俞平伯大名,也很想亲睹他的风采,倾听他融贯中西、博古通今的见解,这个愿望,在不久前实现了。

以往,从资料和与他接触的人口述中,知道俞老是个"纯美、谦逊"、"治学处世,两不苟且"、脚踏实地的学者。现在,经过亲身接触交谈后,觉得这些赞誉是确切的,没有言过其实。

那天傍晚,夕阳西下,在跑马地亚洲酒店内初见俞老时,即感到他的沉静和谦逊,他一见客人到来,连忙起身合掌表示欢迎,还向每个客人要名片留作纪念,又不厌其烦地和每个来访者合影留念。初见俞老的第一印象,深刻地留在我的脑海里,他身材不高,穿咖啡色毛衣,外着一件灰色毛背心,脚穿一双黑布鞋,外表形象如一位朴素厚道的中国老人。那清瘦平凡的外形中,最引我注意的是他的脑袋,因为大脑袋与他的身材有点不相称,前额宽挺,后脑丰满,双耳垂珠,头顶红润光滑,戴着一副深度的眼镜,可能镜架宽了些,他时时以手扶正镜架。

来访者中,有香港、台湾等地的文友,难得的是,俞老与香港中文大学的郑子瑜教授一见如故。说来并不奇怪,三十多年前,郑教授通过周作人介绍，向俞老求字幅，从此，两人常有书信来往，早已神交，但从未见面，这次相遇，真是喜出望外。俞老高兴地说："见到朋友，好快乐，可惜我没有什么新东西与你们见面，都是旧的。"他说得那么谦虚，谁知道他此次演讲中的《索隐及自传闲评》就是新近之作。

三十年来，由于政治的"误会"，使这位著名的红学家从此不谈《红楼梦》，直到晚年获得平反后，八十多岁高龄的俞老，再次以惊人的毅力，每天六时起床整理文件，撰写论文，他对学问如此严谨和勤奋的态度，不正是献给读者的最新"礼物"吗？

俞老十二岁开始读《红楼梦》，二十三岁写成《红楼梦研究》，震惊了学术界。此后，他一心钻研学问，对诗、词、曲的研究，著作丰盛，立意非凡。他曾在多所名牌大学任教，足迹涉及海内外。同时，又是五四运动以来著名的诗人、散文家。

那晚，清静的湾仔菩提斋馆二楼，造访者围坐圆台，与俞老畅所欲言。俞老的言谈令在座者惊欢叫绝，可见其学识渊博，独到之见，以及对学术研究一丝不苟的精神。

梁先生问："《红楼梦》的前八十回和后四十回是两个作者写的，但外国学者、专家以最先进的电脑，对前后两作者运用的句、词作了比较，认为很相似，因此断言《红楼梦》应该是一个人写的。您认为怎样？"

"假设后四十回仍由曹雪芹写，您认为比前八十回更好呢还是更差一点？"陈先生接着说。

俞老沉静地说："曹雪芹没有写完有他的缘故，至于越写越好还是越写越糟很难说。以现实情况看来，上八十回写得平淡，下四十回写得曲折些。"

"您对《红楼梦》中的人物性格喜厌感觉如何？"我也顺口插问。

《红楼梦》中造成悲剧的原因,是社会因素和人物性格造成的。我可怜林黛玉,恨袭人,不喜欢晴雯。"

这时,有位造访者拿着一本日本早稻田大学东洋文学研究会出版的《黄遵宪与日本友人笔谈遗稿》一书(郑子瑜和实藤惠秀编校)问俞老:"您对黄遵宪评《红楼梦》的看法如何?"

俞老精神矍铄,很快地回答说:"黄公度是很有名的学者,我看过他的诗。关于他对《红楼梦》的看法,过去有不少异论。我个人认为在一百年前,黄公度对《红楼梦》的评价是很有见地的。可以说是超过了同时代的人,他对《红楼梦》的见解大体上是对的。黄公度之后的一百年时间里,学者对《红楼梦》的见识多是肤浅和不入流的。"接着他表示赞同黄公度的主张:认为日本人不通中国语言,《红楼梦》里有许多京话,应当将《红楼梦》的一部分编入教科书里。

说到黄公度的诗,俞老幽默地说:"我很赞赏他的《今别离》,可惜,现代科学将人类的一些情趣都磨掉了。我从北京到这儿才三个多小时呀!"说完不由得笑起来。

晚餐前的短短一席话,似乎给造访者增添了一次丰富的精神食粮。它使我深深体会到,往往能从微小的、突如其来的应变里,了解一个人的学识,看出其学识的深度和广度。

沉静、谦逊、学识渊博而有独特之见,这就是俞平伯留给我可贵而难忘的印象。

1987 年 2 月

于香港亚洲酒店,中为俞平伯,右为香港中文大学著名修辞学教授郑子瑜,左为作者

"瓮中捉鳖"记
——访钱锺书先生

久仰钱锺书先生的大名,也拜读过他的名著《围城》。他的夫人杨绛女士,也是我所景仰的学者。我也读了她的《干校六记》。到了北京,很想访问他们。

钱老已是七十五岁的老人了,听文化办的朋友说,想访问他很难。说"难于上青天",未免有点夸张,总之,很难就是。因为他不喜欢被记者采访,不喜欢在电视上出镜,一句话:怕出名。

"名"就是这样一种怪物。他怕出名,却早已名扬天下。我自然明白,他的出名,不是别人捧出来的,而是由于他的人品、学养、成就!

可能是出于职业习惯,我知难而"进",想方设法要见到他。还是朋友高明,他与钱老相熟,了解他的性格。我们采用了"突然袭击"战术。这位朋友便是《文艺报》副主编吴泰昌先生。

那天下午,我们这两个不速之客突然出现在钱老家门口。他的家在北京三里河南沙沟。一见面,钱老笑哈哈地说:"泰昌,你没有引蛇出洞,又来瓮中捉鳖了……"他见我这个陌生人,又是女性,没有再说下去,便客气地招呼我们就座。说来奇怪,一见之下，钱老的两句话，一下子改变了他在我脑海中设想的形象。他并非那样冷傲，相反是如此幽默、和蔼可亲。

他中等身材，胖瘦适中，额头很宽，黑边眼镜下，有一双充满智慧的眼睛。上着蓝色中式棉袄，下穿黑色呢裤。看他的言谈举止，全然不像一位年过古稀的人。他的夫人杨绛女士外表完全是位老太婆了，头发几乎全白，唯有那张轮廓鲜明的脸，仍显示出娟秀之气。

见钱锺书不易，访问他也难。因为他不让做笔记，也不准录音。而我对自己的记忆力并没有信心。但他平易、热情，又有一种独特的气质，我对他的敬意油然而生。令我十分愉快的是，短暂的交谈之后，我从他身上看到了中国老一代知识分子的情操、涵养和人格的魅力。

最难的还是写钱老其人其事，他集才气、骨气、傲气于一身，学贯中西，博古通今，头脑是知识的宝库，丰富而深沉。要了解、理解他谈何容易！他的学术著作博大精深，要读懂它，也要下一番苦功。

钱老的人品学养，来自个人的努力，也与家庭有关。他是江苏无锡人氏，父亲钱基博是著名的文史学家。他和夫人杨绛同是英国牛津大学的高才生，他又在巴黎大学做过文学研究。回国之后，先后担任过几所名牌大学的教授。50年代初，任中国社会科学院文学研究所中国古典文学研究员。

钱氏的主要著作，除小说《围城》、散文集《写在人生边上》等之外，尚有学术巨著《谈艺录》《宋诗选注》《管锥编》。

1980年，钱锺书随中国社会科学院代表团访问美国，钱氏轰动了那里的学界。近几年，国际间又掀起了一股"钱锺书热"。这使我想起了《史记》中的两句话："桃李不言，下自成蹊。"

访问钱锺书先生的时候，我把《围城》带在身边，我们的谈话自然地围绕着这部名著展开。

当我把香港出版的《围城》拿给他看时，他立即说："这是盗印本。现在国内已买不到。"我笑着翻开书说："钱老，你能解释解释一些句子的含义吗？"他一面随手翻书，一面笑着说："原来是要我口试答辩了，我经不起考问，你也犯不着去研究。"他这句玩笑的含义我是领略了的，就像读《围城》时玩味书中那些富有哲理性的和饱含讽刺幽默的句子一样。

记得他在《围城》的序言中写道："人物当然是虚构的，有历史癖的人不用费心考订。"但我还是禁不住问道："钱老，你自己是留学生，小说写的也是留学生，那么小说里一定有你的影子！"

钱老认真地说："没有，是虚构的。当然，那要看你对虚构作何理解。我在另一部书里曾引康德的话'知识必自经验始，而不尽自经验出'。说那句话也可以应用在文艺创作的想象上。我认为这应该是评论家的常识。"到底是钱锺书，出语不凡啊！

我又想起了《围城》中主人公读叔本华著作的情节，于是问道："钱老，您对哲学有精深的研究，您认为叔本华的悲观论可取吗？"

大概他对这个问题感兴趣，连忙从座椅上起身，微笑中又带几分严肃，说："人既然活着，就本能地要活得更好、更有意义。从这点说，悲观也不完全可取。但是，懂得悲观的人，至少可以说他是对生活有感受、发出疑问的人。有人混混沌沌、嘻嘻哈哈，也许还没意识到人生有可悲的方面呢。"

钱先生本身不是一个悲观主义者，他的幽默即包含着乐观。《围城》也不是宣扬悲观论，书中所写的是"现代中国某一部分社会，某一类人物"。这些人物，"具有无毛两足动物的基本根性"，也写出了生活在那个时代的中国知识分子苦闷的心情和艰难的处境，是一部成功之作。钱氏完成这部作品时只有三十多岁。出版后不到两年就再版了三次。可惜在 1949 年后一直没有重印，直到 1980 年在中国内地才重排出版。但是，《围城》在国外却一直受到欢迎和推崇，美国著名文学评论家夏志清称它是"中国近代文学中最有趣和最用心经营的小说，可能是最伟大的一部"。现在，它已有英、法、德、日、捷克等多种文字的译本，《围城》墙内开花墙外香。钱氏自己对这部花了两年时间写成的小说，并不满意，认为它只能代表那个时候的水平。

话题从文学创作谈到诺贝尔文学奖一事。没想到这个看来并不新鲜的话题，却引出了钱老一段精彩的议论。他问我是否知道萧伯纳的话。萧氏说："诺贝尔设立奖金比他发明炸药对人类的危害更大。"

"当然，萧伯纳自己后来也领取这个奖的。其实咱们对这个奖不必过于重视，只要想一想，不说活着的，在已故得奖者中有 Grazia Deledda、Paul Heyse、Rudolf Eucken、Pearl Buck 之流，就可见这个奖的意义是否重大了。"说着，他从书架上取了一本巴黎去年出版的《新观察杂志二十年采访选》，翻到 J-J Borges 因拿不到诺贝尔奖金而耿耿于怀的那一节说："这表示他对自己缺乏信念，而对评奖委员会似乎太看重了。"

钱老这番话，令我感到新鲜，它打开了我的眼界，使我从中体会到更多的东西……

通过一次访问，想在一篇访问记中将钱锺书先生"不走样"地描绘出来，是不可能的。因为，不论从思想、品德、修养、才智、学识哪一方面讲，他都太丰富了。他是一流学者，中国有这样的知识分子，实在是一种光荣和骄傲。对于这样的赞誉，钱老一定是不高兴的，因为他不喜欢我"吹捧"他。

之前我写了一篇访问他的文稿，曾寄给钱老过目，生怕有什么地方不妥，不久，收到他寄回的修改稿，并附有一封回信，细读之下，他的形象在我的心目中更加高大了。

他在原稿上作了多处修改，把那些对他的赞语全删掉，毛笔字工整而典雅。他的谦虚，和某些自命不凡的学者是何等鲜明的对比。他的回信，更是他品格的写照。这里我想援引几句：

"……大稿活泼有感情，但吹捧太过，违反我的人生哲学；也会引起反感。过奖必招骂，这是辩证法……"钱老在"违反我的人生哲学"句右旁，加上了小圆圈号，表示这一段特别重要。

"照片艺术很好，只是'题材'欠佳！"

读者要想进一步了解他的为人、思想，不妨读一读他的《围城》之序，读一读他为《干校六记》写的《小引》。当然，如有兴趣，再读读他的其他著作。

我们谈话的时候，钱夫人杨绛一直热情地招呼我们，有时也坐下来说两句。她是那样温文、谦和。不了解的人，有谁会想到，她就是世界名著《堂吉诃德》的翻译者，又是风趣、深刻的《干校六记》的作者。

面对这对数十年患难与共的夫妻，我想到了《干校六记》中那些感人至深的描写。他们同甘共苦，相依为命，彼此的一句话、一个眼神，都能使对方获得极大的安慰和力量。记得钱夫人写过："希望的事，迟早会实现。但实现的希望，总是变了味了。"我想，他俩的希望如今不仅实现了，只是这"味"的香醇与否，常常是由不得己的。

面对这两位老人，我还想到过去几十年内地知识分子的遭遇，不禁感慨地说："几十年来，知识分子的委屈太多了。"

钱老淡然地解释说："这和服装一样，变来变去，但总有一种真正的、经受时间考验的款式保留下来。"这个比喻是那样中肯，以至使我联想到，过去的道路无论多么坎坷，他始终那么豁达，坚守自己的信念。他曾经说过："理想不仅是个引诱，并且是个讽刺，在未做以前，它是美丽的物件，在做成以后，它变成残酷的对照。"

然而，即使在这样"残酷的对照"面前，他仍然保持着自己的气量和操守。

1986 年 6 月

1985 年 11 月于钱锺书寓所

速写钱锺书

1985年冬我在北京采访了钱锺书先生,回香港后照承诺将写好的文稿寄给他审阅。他在回信中写道:"大稿活泼有感情,但吹捧太过,违反我的人生哲学。""也会引起反感,过奖必招骂,这是辩证法。"他真的删去了不少我认为是事实而绝非"吹捧"的话。然而,为了我的承诺和对他的尊重,只能如此。

以下是钱锺书先生审阅修改过的采访稿。

1985年11月25日上午,阳光和煦,空气清新,我带着《香港文学》杂志社社长刘以鬯先生对钱锺书先生的问候,来到钱老的寓所。同行的是《文艺报》副主编吴泰昌先生。

这之前已听吴泰昌说:"钱老是个脾气孤僻的人,他不喜欢记者采访或拍电视,和他通电话定期,常被他推却,咱们还是来一下突然袭击,做不速之客吧。"果然,钱老一见我们的面,就说:"泰昌,你没法引蛇出洞,又来瓮中捉鳖了……"他看见有我这个陌生人在场,没有说下去,客气地招呼了。我知道他的清规戒律,只好破例不记笔记,不用录音机,发动起我所有的记忆脑细胞,记下这次愉快而难忘的访问。

他不如我想象中那么高傲和严冷。他笑容可掬,腰直背挺,身着蓝色便服,神采奕奕,言谈举止,既不属潇洒,也不同于老成。让我感觉到他身上具有中国知识分子的学识、气质、情操和平易热情中包含的深沉。

这时,钱夫人杨绛从隔壁房姗姗走来。她那么温文、谦和,令人难以想到她就是世界名著《堂吉诃德》的翻译者、《干校六记》的作者。

为了不让他们生疑我是有心的采访,只好顺其自然。当然,最容易引起的话题,还是谈他的大作。

他的成就有很多方面,对中西学问是有名的渊博,并有卓越的见解。但是最引起我浓厚兴趣的是《围城》,我常常玩味着书中那些富有哲理性和讽刺幽默的句子。于是将手袋里带着的《围城》拿出来,翻开时,他笑着说:"原来是要我口试答辩了,我经不起考问,你也犯不着去研究。"

我领略了他的意思,只好改口说:"钱老自己是留学生,小说写的也是留学生,那么小说里是否有您的影子?"

钱老认真地说:"没有,是虚构的。当然,那要看你对'虚构'作何理解。我在另一部书里曾引用康德的话:'知识必自经验始,而不尽自经验出。'这句话也可以应用在文艺创作的想象上。我认为这应该是评论家的常识。"

我又想起《围城》主角读叔本华著作的情形,转头问:"钱老,您对哲学研究精湛,您认为叔本华的悲观论可取吗?"

这时,他从座椅起身,笑着说:"人既然活着,就本能地要活得更好、更有意义。从这点说,悲观也不完全可取。但是,懂得悲观的人至少可以说他是对生活有感受、发生疑问的人,有人混混沌沌、嘻嘻哈哈,也许还没意识到人生有可悲的方面呢。"

他看了看我在香港买的《围城》封面,指着它说:"又是盗印本。现在国内已买不到。"新出重订本《谈艺录》也是如此,一出版就卖光了。吴泰昌先生说他走后门为朋友买了好几本，现在自己倒两手空空，等着钱老送呢！钱老应允了，并且说决不食言。

我环视书房，书房内摆着书桌、书架与沙发，奇怪的是书架上的书并不多，十之七八是洋文新书，据说大部分是外国友人赠送的，另一部分是钱老和钱夫人在"广角镜"出版了著作，托该社人员用稿费在香港订购的书籍。钱老说他不喜欢藏书，虽然经常把看完的书送人，还是堆积得太多。

我提到诺贝尔文学奖一事，他问我是否知道萧伯纳的话，大意说，"诺贝尔设立奖金比他发明炸弹对人类的危害更大。""当然，萧伯纳自己后来也领取这个奖的。其实咱们对这个奖，不必过于重视，只是想一想，不讲生存的，已故得奖的人里有 Grazia Deledda、Paul Heyse、Rubolf Eucken、Pearl Buck 之流，就可见这个奖的意义是否重大了。"他说完从书架抽出一本去年巴黎出版的《新观察杂志二十年采访选》，翻开 J-J Borges 因拿不到诺贝尔奖金而耿耿于怀的那一节说："这表示他对自己缺乏信念，而对评奖委员似乎又太看重了。"

他的议论，扩大了我的眼界。

不知不觉，阳光已从窗口溜走，我想该告辞了。这时钱老又回到原话题，他让我转告对刘以鬯先生的谢意，希望《香港文学》坚持办下去。他说："人生没有绝对的、毫无阻碍的自由，在香港办纯文学刊物很不容易，照此办下去就好。"我将把他的关怀和热忱转告给香港的文学爱好者。

1986 年 3 月

补记：

1986年3月《香港文学》发表了我的访问记《速写钱锺书》。事后，我应香港《明报》之约，发表了《"瓮中捉鳖"记》，补充了一些内容，此文没有经过钱老过目，但我了解他的性情，所以在文章里有所保留，没有完全袒露一些"有趣"的答问，比如见面不久，他就说"有人接近名人，是为了抬高自己"，我听后吃了一惊，然而，很快地，我理解了他的话意，可不是吗，现实生活里，确实有这些人，在我的随笔《借光自照》里，已表达了对这种人的鄙视……于是，我答道："我不是，所以不怕你这么说。"他笑了笑，我接着说："既然我承诺替刘以鬯先生问候你，就必须做到。况且我也爱好文学，看了你的书，想和你对话……"他看我谈吐真诚，才慢慢地轻松起来，很快地，他就谈笑风生了，只是不让我笔录，也不能录音……

当我问及当前的文坛动态时，他一面在小房间里来回地踱着步，一面哈哈地笑起来，须臾，对一些文化名人作了"名不副实"的评说，有点名的，也有不点名的（但我已意识到是谁了），他时而言辞锋利、旁征博引，时面幽默揶揄……之前，我也听到熟悉他的人说，"钱锺书恃才傲物、说话毫不留情，甚至有点尖酸……"然而，此时此景，我却感到他多么坦率、可爱、真诚啊！而现实的文坛，缺少的正是这种难得的正直和正气。

话说回头，香港《明报》发表了《"瓮中捉鳖"记》后，世界各地的华文报刊立即转载，有些报刊重点突出他对诺贝尔文学奖的一段评说。我将以上的剪报寄给他，不久，收到他的来信（原来中国的不少报刊同时也转载了他的这段讲话），信中说有三个不相识的人写信给他，一个说："《文艺报》把你的话用那么显著地位发表，是否你代表官方的喉舌？"一个说："你有资格获得该项奖金，发表了那席话于自己很不利，不客气地说，等于自掘坟墓。"一个说:"你像狐狸吃不到葡萄,先嚷葡萄酸。"对于以上的说法,钱锺书置之不理,他于信末写道:"告你一笑。中国古话说'是非皆因多开口'一点也不错。"

本来,我想就此事了解钱老的一些看法,比如,中国人和洋人的性格差异是文化造成的,还是不同的肤色决定着人类不同的性格?为什么写信人不敢露真名,只能暗中伤人?诺贝尔文学奖触及不得吗?说真话的人为什么常常受到伤害?人为什么只喜欢听好话、拍马屁?

可惜,当时香港已渐处"紧张"气氛,我自己也开始对社会、人生有了新的悟性,决定闯荡世界,漂泊而去,没有心思写文章,遗憾地留下了空缺。

钱锺书在《写在人生边上》的《谈教训》一文中写道,"自己有了道德而来教训他人,那有什么稀奇;没有道德而也能以道德教人,这才见得本领。有学问能教书,不过见得有学问;没有学问而偏能教书,好比无本钱的生意,那就是艺术了。"

他还在序文里写道,"假使人生是一部大书……这本书真大,一时不易看完……"

人生既然是一部大书,里面除了有人、鬼、兽外,自然也有这些生物的灵魂、动作和语言,那么,"无本钱生意的艺术"不过是一种技巧罢了,只是,这种技巧太多太复杂,不仅看不完,还要小心别受到影响,以免从人的位置上滑落到鬼或兽的圈圈里。想到此,我倒欣赏起钱锺书先生的处世法——有时"笑傲江湖",有时"置之不理"。

中国社会科学院文学研究所

林湄同志：

来信寿到，很欣慰。承你搜兄来访，虽未获，我们只留印象。与欣获，我们只留印象。我的信必唯荒废，这里的"文摘"报选了港岛摘锦了，联穗说什么文摘我都不和你寄和北京。很都出同谱我收到三个不相诸人的来信，新是"文艺报"引用的反应。应一个说：''我发报拒绝他的诗同啊么对你说春如您说表，要原代表"官方啾志"一个说：''你在资报投的诗歌也是卖金，要感好当地投多了，那那不说：''任你抓捏咕不到南菊先锋商顧呢。我都要在记著作馆里差多手这在自己很名利……中国当谚说："黑狗不明谁心里明"长猪命门灿斯地。

钱上
七月廿日

中国社会科学院文学研究所

林湄女士：

承惠寄，拱感。得信通知还怔矿，祝新歲康築。大稿读完感情，但句吻梺烟缓，这反我的人生哲學。（）诸进"折枝六记"处欺多。故我大胆删去，把谈该内容回忆增補一不似专内容添了家贯，并且对许多海外读者必称的新鲜(图另有关诸貝索非意学英二段，港刊物似未讲過）。请你的末并原谅我粗果，望恳，为以暑夏实所挑案，白天无卷，即以文害醫诚休息，仍做为愉？自元光，即以刘先生全處均此诸空

钱锺书敬上
廿日

照片俱妥，另题材欠佳

文苑鸳鸯与菜园幽会
——记翻译家杨绛

前些日子，收到钱锺书先生的信。读他的信和读他的著作一样，受益匪浅。只是读到信末"杨绛问候"一句，心里有点不安起来。

在北京访问钱锺书先生的时候，他的夫人杨绛女士也在座。确切地说，那次原想同时访问他们夫妇俩。因为作为女性，作为一个文学爱好者，我对女作家、文学翻译家杨绛也是仰慕已久的。那次访问钱老的时候，她说话虽然不多，但她娴雅的性情、学者的风度、渊博的学识，至今仍鲜明地保留在我的记忆中。临别的时候，她以一本刊有《干校六记》的杂志相赠，我一直珍存着。她没有多谈自己的谦恭态度，是真正有学养的人的共同品德。

杨绛原名杨季康，1911 年 7 月 17 日在北京出生，青少年时期生活在山明水秀的江南，在上海、苏州两地，完成了小学、中学、大学学业，是苏州东吴大学的高才生，1932 年毕业，获得文学学士。后来到北京入清华大学研究院，为外国语文研究生。其文学创作就是在这时候开始的，脱稿于 1934 年 9 月 19 日的小说《璐璐，不用愁》（见《倒影集》附录），就是她的处女作。当时，她选修了清华大学中文系朱自清教授的"散文习作",这篇小说就是作为"习作"交卷的。朱先生看后很欣赏,为她投寄给《大公报·文艺副刊》发表,后来被林徽因编选入《大公报丛刊小说选》(题目改为《璐璐》)。这篇处女作,以鲜明的人物性格、巧妙的构想、生动的情节和风趣的语言,显示了作者的文学才华。

1935年至1938年,杨绛女士先后在英国、法国留学,攻读外国文学。学成归国后,曾担任上海震旦女子文理学院外语系教授,后来北上到母校清华大学任西语系教授。1953年以后,她调任文学研究所外语文学组(即现在的中国社会科学院外国文学研究所),任研究员至今。

在文学领域,杨绛女士是小说家、剧作家,又是评论家、翻译家,是一位不可多得的全才。

杨绛女士的早期创作,小说还有《小阳春》等,剧作有《称心如意》(1944年)、《弄假成真》(1945年)、《风絮》(1947年)等。她后期的小说作品,主要有收在《倒影集》中的《大笑话》《玉人》《鬼》《事业》。这些小说中的人物和情节,都取自过去的时代。在创作技巧上,显示了作者细腻、幽默、生动独特的风格。

作为文学翻译家,杨绛的译作有《1939年以来英国散文作品》(1948年)、《小癞子》(1951年)、《吉尔·布拉斯》(1956年)和《堂吉诃德》(1978年)等。文学论文集有《春泥集》(1979年)。

难得的是,在中国现代文学史上,夫妇同为文学家、翻译家、评论家的并不多。钱锺书先生和杨绛女士就是一对上好的楷模,共同的志趣是他们爱情的源头、生活的基础。数十年来,他们互爱互助,同甘共苦,相濡以沫。

记得那天到他们家,我在客厅坐定后,只见杨绛女士从隔壁房走出来,她斯文、谦和、端庄、朴素,还是世界名著《堂吉诃德》的翻译者、《干校六记》的作者。当我采访钱老的时候,杨绛女士没有说话，只是静静地听钱老侃侃而谈，然而，从她的眼神里可以看出她对丈夫的爱与关怀。当我说有人认为钱老应该得到诺贝尔文学奖、钱老却谦虚地表示不在乎时，钱夫人幽默风趣道："要呀！若能得到诺贝尔文学奖，一为中国人争光，二用奖金买书，捐献给国家。"

钱老听罢哈哈地笑了。

我凝视眼前两位慈祥的老人，自然而然地想起《干校六记》里一些感人至深的描写，读了那些情真意深的文字，谁能不为之感动呢？那是他们在"文革"期间相依为命的生活纪实，是人性美的颂歌。

"干校"是"五七干部学校"的简称。"文化大革命"时期，全国各地办了无数这类"学校"，把知识分子、干部集中起来，强制劳动，接受改造。《干校六记》包括下放记别、凿井记劳、学圃记闲、"小趋"记情、冒险记幸和误传记妄。钱老为该书写的《小引》，全文千余字，句句精彩，含蓄深刻，真是文如其人。

钱老比杨绛先到干校数月，杨绛女士为他准备行装时，《六记》中有一段生动而幽默的描述："我久不缝纫，胡乱把耐脏的料子用缝衣机做了毛毡的套子，准备经年不洗。我补了一条裤子，坐处像个布满经线纬线的地球仪，而且厚如龟壳。默存倒很欣赏，说好极了，穿上好比随身带着个座儿，随处都可以坐下。"这就是他们朴实深厚的感情和开朗豁达的性格！

在艰苦、寂寞又有几分恐怖的干校生活中，他俩不仅旷世达观，且能在逆境中寻找快乐，趁劳动的空隙，在菜园中幽会，"远胜于旧小说、戏剧里后花园私相约会的情人了"。可见，患难见真情，逆境中的爱情如初恋般甜蜜而坚贞。若想进一步了解老一辈中国知识分子的人品、节操、志趣，更多地知道杨绛女士的情怀，请读一读《干校六记》吧！

如今，杨绛女士年事已高，但生活热情不减。她翻译著述，培养后学，孜孜不倦。祝愿她老当益壮，在有限的年月里，从事无限的事业。

1986 年 8 月

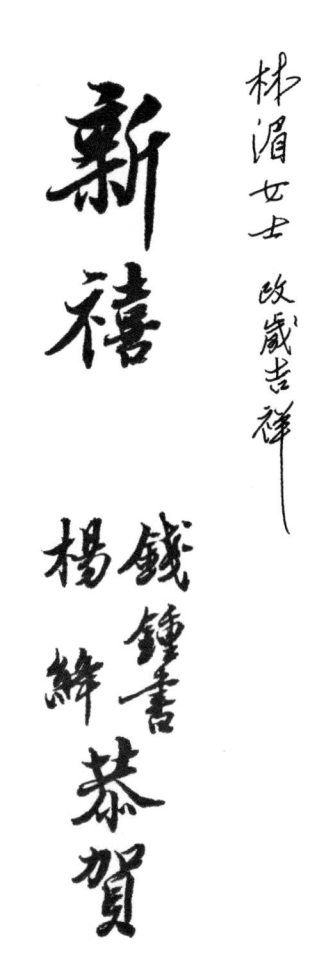

林湄于北京杨绛寓所合影

一生在泥泞里作战
——访电影事业的开拓者夏衍

早春的香港,天气乍暖还寒,跑马地的亚洲酒店,入住了一位引人注目的人物,这就是夏衍先生。

夏衍先生的名字同中国电影的开拓和发展是相连的。早在二十多年前,我就读过他的著作:《写电影剧本的几个问题》。

怀着景仰的心情,我冒昧地打电话给他,想不到他乐于会见。

他是腾出中午的休息时间接见我。门一开,只见他个儿不高,身材瘦削,清癯的面孔布满皱纹,如同刻着历史的印记,须臾,他拄着拐杖转身走到沙发椅上,看了看小台钟,点起香烟坐在我的对面,开始与我交谈。

夏老今年(1986年)八十七岁,从事电影工作五十七年,是中国电影事业的开拓者、创业者和奠基人。早在20年代,他从日本留学回国后即翻译《欧洲近代文艺思潮》(本间九雄著)、《妇女与社会主义》(倍倍尔著)及《母亲》(高尔基著)等书,并与郑伯奇、冯乃超等人共组上海艺术剧社。30年代与鲁迅、田汉、郁达夫等人发起中国自由运动大同盟,也是左翼作家联盟主席团成员之一,他还担任过《救亡日报》的总编辑。这一时期,他的著作十分丰富，主要有：《艺术论》《蒲列哈诺夫与艺术》《电影导演论》《生路》等书。编写剧本《上海二十四小时》《脂粉市场》《时代的女儿》《上海屋檐下》及中国报告文学史上的名著《包身工》等。

40年代在香港与邹韬奋创办《华商报》，还在重庆任《新华日报》代总编辑，撰写了重要的电影评论及大型特定报道，这一时期还创作了话剧《水乡吟》《法西斯细菌》《变买之道》《芳草天涯》等。

1949年到1966年，他先后担任华东局宣传部副部长、上海市委宣传部部长、上海市文联主席、上海电影文学创作所所长、国家文化部副部长等，并编写剧本《祝福》《林家铺子》等，还出版杂文集《此时此地集》《蜗楼随笔》《天边鼓集》《长途》《野草》。并以中国电影代表团团长身份出访过许多国家。

在"文革"期间，夏衍的身心受到严重的损害，到"四人帮"下台后，他又热情洋溢、全心全意地献身于电影事业，为探索中国的电影发展和人才的造就呕心沥血。

面对这位著名的电影理论家、翻译家、话剧和电影文学剧作家、杂文作家和电影事业家，我不知从何采访起。望着他清癯的面孔、严厉而安详的大眼睛，想起他一生"在泥泞中作战，在荆棘里潜行"的命运，只好顺着话题问："您认为近年来的中国电影与过去有什么不同？"

果然，这话题引起了他的兴趣，他从20世纪的纪录片、京剧片谈到20年代、30年代及40年代的故事片，认为"50年代内地电影受苏联政治、经济模式的影响，虽然拍了一些好电影，但题材狭窄，深度有限。目前中国电影主要受到美国电影的影响"。从他的叙述中，可见其思维敏捷、头脑清醒、记忆良好。

这时，他把左手插在右手的腋下，将右手夹着的香烟举到口边，深深地吸了一口烟，又喝了一口茶，接着说："写私人生活，突破爱情禁区，这是近年电影题材的一个重要发展。可是，"文革"

期间失误很大,现在二三十岁的青年演员在'文化大革命'中没念过什么书,素质有待提高。一个演员不懂得中外文化、历史,怎能当个好演员呢?"

中国历史坎坷、曲折又复杂,那么,表现其政治、经济、文化的艺术品不就更具特色吗?关键是:"中国的电影是否满足观众的需要?"

"这个问题不能脱离现实,中国十亿人口中有八亿是农民,农民的文化水平低,知识分子喜欢的《黄土地》,农民看不懂,他们喜欢的是《我们的退伍兵》《野山》《喜盈门》,我们不能忽视农民观众,每个农民出二毛钱买票,收入就可观了,现在关键是提高农民的文化水平和欣赏能力。还有,内地的观众与国外的观众因社会背景、文化水平不同,欣赏水平和审美标准也不一样。比如香港观众喜欢娱乐性强的电影,制片人要求卖座,拍打斗、凶杀、裸体片来迎合香港人的口味。内地方面,娱乐性的同时,希望通过电影教育人民,提高人民的思想境界,扩大人民的知识面。比如《垂帘听政》本来有一幕杀人的镜头,人头在地上滚动,李导演认为这个镜头香港人喜欢,我是坚持剪去的。这样的例子还有很多,《少年犯》国外反映好,国内人却有意见。对于科教片,香港人兴趣不大,但却受到内地观众的重视,它对'四化'影响很大。"

说到这,我突然想起夏老最近与刘晓庆的谈话里流露对中国电影改革的关注以及对青少年一代的祝愿,于是问道:"您认为中国电影应做哪些方面的改革?"

他又深深地吸了一口烟,正色地说:"现在娱乐形式多了,单是中国沿海地区就有二亿台电视机,在家里看电视方便,电影观众自然减少了。何况拍一部电影成本高,加上吃大锅饭,一个电影制片厂有两千多人,一年才拍几部片,演员工资低,表演机会少,拍出的电影质量、数量都跟不上形势的发展。过去也一直在谈改革,但基本上还是老样子。"也许讲得太快,他突然停止了讲话,须臾,接着说:"关于改革,目前我们在探索,但不能离开基本的东西,这就是要在实践中提高自己。电影是一门综合的艺术。我写剧本时,常常到片场观察,观察镜头、布景、演技、灯光,这对我写剧本有很大的好处;现在人写剧本不讲究蒙太奇,也不愿多实践。总之,中国电影只有改革才有出路。目前有些演员喜欢到外国去发展,要知道,培养一个人才不容易,有了一点成绩又走了,这是一种损失,但卡住也没用。当然,出去了还可以回来,关键在于他们的思想和选择。"

台上的小闹钟突然响了,我们已谈了一个多小时。然而,夏老欲止未休,他接着说:"现在的青年演员热热闹闹的多,扎扎实实的少,真正愿意下功夫的演员更少。"

记得他写过的一句名言:"搞事业就得发疯,发了疯才能真正钻进去。"是呀,夏老的一生不就是对电影事业的"疯"啊"钻"啊吗?即使如今已耄耋之年,仍壮志未已,孜孜不倦地关心着中国电影事业的发展。近年来,他还发表了大量的著作,如《反映人民群众迫切关心的问题》《关于电影的几个问题》《重读创作独白》《劫后影谈》《为提高影片质量而奋斗》《希望寄托在中青年导演身上》《生活·题材·创作》等。目前正在写回忆录:《懒寻旧梦录》。

1985年年初,在中国电影家协会第五次会员代表大会上,他被选举连任影协主席。夏衍,不愧是中国电影事业的开拓者、奠基人。

1987 年 6 月

1986年于香港亚洲酒店采访夏衍先生(林湄 摄)

不要命的老头子
——访记者作家萧乾

听说萧乾是个"不要命的老头子"。这是赞语。是啊,就说这半年吧,去年(1986年)9月到英国拍《萧乾重返英伦》电视纪录片,10月赴美国,在纽约大学讲学,12月初回到北京,小休之后,12月底又来香港。此次,他是应香港中文大学崇基学院"黄林秀莲访问学人"之邀而来的。在香港的这些日子,又是忙得不亦乐乎。一位七十七岁的老人,还是这样"不要命"地工作,大概因为他是记者出身,永远闲不住吧。

萧乾集学者、记者、作家于一身,而且都可冠以"著名"二字,这很难得。这位1910年1月17日生于北京的蒙古族人,1935年在燕京大学毕业后,先后在天津、上海等地的《大公报》任编辑兼旅行记者,并从事小说创作。1942年在英国剑桥大学英国文学系读了三年研究生。此后,他当过大学教授,编过刊物,做过记者,并继续写小说、散文、报告文学和从事翻译工作。

说起他的记者生涯,还有一段光辉的历程。

1944年,萧乾作为香港某报驻欧特派记者,在第二次世界大战战场上采访,他是唯一的中国记者。他随军几次横渡德国潜艇出没的英吉利海峡,到过美、法战场,随美军第七军挺进莱茵,进入刚刚解放的柏林,涉足过希特勒的元首府。在硝烟弥漫的战场上,度过了七个年头,其著《人生采访》就是战地采访的实录。他还采访过波茨坦会议,目睹过审判"二战"战犯的历史性场面。

由于有"人生采访"的丰富经历,因而他对记者这一行有独到的见解。在谈话的过程中,他不时道出一些警句——

"记者工作是一种触须,或者说是雷达。"

"记者要能同各种各样的人谈得来,呆里呆气、愣头愣脑的人做不得记者。"

"采访的目的是了解对方,而不是让对方了解你。"

"采访时要认真仔细地听对方谈话,准确地捕捉对方的谈话要点。"

"特写应以描写代替叙述,以动作代替形容词。"

多姿多彩的记者生涯,给萧乾留下了许多美好的回忆。1984年,他重访英国、德国,特地去了伦敦报业中心的舰队街。那是他当年每天向重庆拍发电讯的地方,旧地重游,还拜访了当年的女房东,现已年过九十了。直到现在,他还珍存着一个防毒面具,那是他在欧洲战场采访时用的,不少采访过萧乾的人都见过这件纪念品。

而今,萧乾仍然继续着他的"人生采访"。

萧乾也是一名作家,从1933年他在《水星》《国闻周报》上发表的小说算起,他的创作生涯已逾半个世纪。在他北京寓所的书房里还挂着一幅画家黄苗子题赠的对联:"白眼学得三百格,清淡落笔一万言。"

可以说他视创作如生命,甚至超过了生命。他说:"将这样做下去,做到非停下来不可的一天……更好的是悠然而死,比如在睡眠中，或伏案工作时。"这几年，他两次战胜死神。1981年，他在病床上翻译了易卜生的名剧《培尔·金特》，还完成了一万五千字的《萧乾选集》自序——《一个乐观主义者的独白》。

他的确是一个乐观主义者。幼年失去双亲，在无依无靠和贫困中求生。十八岁开始，他踏上生活的征程，从北方到南方，为他的创作准备了条件。

1957年，他因为写了《放心·容忍·人事工作》一文成为右派，从此失去了创作的权利。"文化大革命"中他又吃尽了苦头。但是他坚强地活过来了，终于重见光明，又开始创作了。近几年，他完成了《往事三瞥》《老报人随笔》《新闻与文字的关系》《斯诺与中国新文艺运动》《欧行冥想录》《海外行踪集》《一本褪色的相册》等著作，并编辑出版了《萧乾散文特写集》《杨刚文集》等。如果把他1935年出版的短篇小说集《篱下集》等等以及许多翻译作品都开列出来，那将是一张长长的书单。

言及当前内地文坛，萧乾对我谈了几点看法：

现在作家的创作自由比起1949年以来的任何时候都多了，作家可以大胆写爱情题材，有的作品尚描写了性爱、婚外情等。这是对文艺禁区的突破，也是对传统道德观念的挑战。比如张贤亮与张资平不同，前者的《男人的一半是女人》是通过性变态的描写来鞭挞"文化大革命"时期的无情，后者是写悲观、堕落的心态。

其次，他认为现在内地的小说太长。长篇要向一百万字看齐，短篇也要几万字，难得有精炼的作品。产生这种现象的原因是——批评少，书评少，即使有批评也是一般化、不痛不痒。现在需要大胆的、不讲情面的书评家。

还有，从前青年作家想出头很难，现在比较容易，有的人一夜之间成为名作家，这是不健康的现象。有的人出名之后，经不起考验，被荣誉、奖金冲昏了头脑。作家、作品均为昙花一现。

他说:"当今内地的文艺创作在深度和广度上,都超过以前的几十年。"这是因为他不赞成横比,即"中国文学"和"世界文学"相比,主张纵比,即自己与自己比。

1月17日,萧乾在香港度过了他的七十七岁生日,月底,他将到汕头、厦门、泉州、漳州、福清、福州等地访问,旧地重游,相信一番感想后又将产生更多的佳作。确实,他像一部辛勤的机器,永不疲倦地发动着。

1987年1月

附:春暖时节访萧乾

萧乾是我去北京前想拜访的作家之一。离港时将友人的介绍信随身带着。信封上清楚地写着萧老的地址,但我仍难以寻找到他的住处。

10月的一天,在冯牧家里提到萧老,他笑着指向窗外说:"他就住在对面的一座大楼里啊。"并即刻给萧老挂了一个电话。

当暮色苍茫的时候,我在木樨地一所新式的大楼后门寻了许久,才找到萧老的家门。

门铃一响,开门的正是萧老。他具有北方老人特有的活力和气质——高大魁梧的身材,稀疏的白发下那张高额宽脸、凝聚的眼神,和我在香港看到他的相片一模一样。我笑着说:"您真像北方老人啊!"他点着头告诉我,他是蒙古族人。

我跟随他走到书房,环视着四周,想从平凡的静物中,寻找主人生活的足迹、思想的火花。这个不大的书房,具有"作家书房"共有的特点:书架上摆满许多书外,还有一张写作柜。靠门的沙发后面有一副对联:"白眼学得三百格,清淡落笔一万言。"落款是黄苗子。

桌上放着用过的几个茶杯，萧老告诉我："刚刚送走一批客人。"说完拿起鼻烟壶往鼻子上抹，看来，他是累了。他看完介绍信后，便关心地问寒问暖，告诉我文洁若到日本去了，我在京时有什么困难，可随时找他帮忙。说完眼神流露着倦意，须臾又热情地为我倒茶，令我有点不安起来。

萧老说："我的习惯是晚上八时上床休息，第二天凌晨二时起床，二时到六时是写作时间，因为这段时间没有人来访，没有电话，最宜写作。近日正为《北京晚报》写十篇《北京城杂忆》。"我知道，单单这一年（1985年），他就发表过《改正之后》《欧战杂忆》《第二次世界大战》等，可想而知，这些成绩是来自勤奋和毅力的。

初见萧老，让我感到他的实在、真挚。为了不影响他的休息和创作计划，我们约定另找时间畅谈。

回程的路上，夜色笼罩古城，路旁的树叶在夜风中沙沙作响，偶尔飘落的几片树叶，像柔指拨动着我沉思的心弦，吟唱出一首哀婉而动人的诗篇。

回想刚刚离开的那套新房，有谁知道，自从"文化大革命"开始他就被赶出家门，家人也流离失散了。"关牛棚时，每次上厕所，总勘察在哪里上吊牢靠些。"1971年，当他在咸宁干校办退休手续时，他是怎样的悲凉和对世界失去了兴趣。那时，他只望"洁若和孩子回北京，自己甘愿去任何僻远山乡，了此一生"(《改正之后》)。

自"四人帮"下台后，他勤奋笔耕，编辑出版了《萧乾散文特写集》《杨刚文集》《里柯克讽刺小品选》。创作了《往事三瞥》《老报人随笔》《福州是我第三故乡》《老报人随想录》《新闻与文学的关系》《斯诺与中国新文艺运动》《北欧的斯诺》《欧行冥想录》《海外行踪集》《一本褪色的相册》和《鱼饵·论·阵地》文学回忆录。更令人惊讶的是1980年他面对死亡的威胁，二次上手术台，第二年

8月又接着切掉左肾，带着肾管住院八个月的日日夜夜，萧老译完了名著《培尔·金特》，并完成一万五千字《萧乾选集》的自序——《一个乐观主义者的独白》。

是的，他"将这么做下去，做到非停下来不可的一天……更好的是悠然而死，比如在睡眠中，或伏案工作时"（《改正之后》）。这一切，除了如同他在孩提时，街坊大爷说他"命硬"外，不又谱写了一首老知识分子悲壮而动人的赞歌吗？

……

半个月后，我收到萧老的一封信，信上说打了几次电话没找到我。天气冷了，问我冬衣够不够，他已从文洁若箱子里找了一件外衣给我御寒。望着信，顿感一股暖流通贯全身。

我带着信，再次来到他的书房。

"找不到你啊！文洁若将冬衣带走了，我是从她的箱子里找出来的。"说着顺手打开衣柜，取出一件女式中褛给我。可惜我块头大，穿不上。萧老已过古稀之年，身体又不太好，时间那么宝贵，尚能时时地想到别人，这是怎样的令人感动。

屋外寒气袭人，书房里充满阳光，暖烘烘的。文洁若的姐姐进屋说"午饭时间到了"，萧老邀我共进便餐。见他那么随和，我也不推辞了。我们边吃边谈，话题自然从他的本行说起。

萧乾是中国近代史上的名记者，早在30年代，他就报道过鲁西、苏北水灾的情形，又深入大西南，走遍岭东几个县，报道修滇缅公路的民工生活，采访过冯玉祥，报道过潮州的一件冤案。在欧洲的日子，他采访过联合国成立大会的人员，也报道过《中苏互不侵犯条约》签订等重要历史事件。

在战火纷飞的欧洲战场，他穿上棕色军装，踏访满目疮痍的西欧，成为欧洲战场上唯一的中国记者。回国后，又报道过1949年10月1日的开国典礼和"土地回老家"等大新闻。近年又到欧、美、东南亚各地访问、讲学，采写了大量笔记。

他一定有很多很多的经验和见解，于是我问："您是名记者，写了许多通讯、特写，请说说您在这方面的体会。"

"最痛苦的莫过于谈自己。我不愿发议论，写报告文学也不同于别人夹叙夹议的写法，我喜欢用白描、素描的写法。写特写应以描写代替叙述，以动作代替形容词。写人写事，尽量少发议论。"他的语调是那么谦和，还不时地往我的碗里夹菜。

"记者想采访的人，不受对方欢迎时怎么办？"我抱着求教的心情问他。

这时，他将两手叉在胸前，温和地说："要学会独立思考，培养判断能力，注意敏感性问题。记者采访前最好看些对方的有关资料，带着问题采访，注意对方的谈吐，捕捉对方谈话的要点，头脑要敏捷，且要与各种各样的人都谈得来。"最难忘的是他接着补充的一句话："新闻工作是手段，目的是写作。"

想到他早年发表过的《蚕》《栗子集》《篱下集》《珍珠米》《小树叶》等文学作品，尤其是那本自传体的长篇小说《梦之谷》，以轻快的节奏、沉重的情感、散文诗般优美的语言，写出一对青年人失败的初恋，于是，我问："萧老，您在《梦之谷》中说在感情生活方面吃尽苦头才找到归宿。您是怎样理解自己在年轻时期多彩而复杂的爱情生活？"

他沉默片刻，认真地说："有的是我错了，有的不是。我一生都在生活，从不懂生活到懂得生活。"

听他真挚地解剖自己，我忙说："敬佩您的坦率和勇敢。"

"我这个人就是这样，错就认错，不想推卸。"他的目光虽然凝视着书架，但我似乎窥视到他内在的美与善，又从他对己严想到他对人宽的品格。

萧乾幼年丧失双亲，"尝尽了死别的痛苦"（《改正之后》），在贫困中挣扎求生，在求生中艰难地完成学业。从十八岁开始，他就过着"没有带地图的旅人"的生活，从华北平原到滨海的闽粤，从黄浦滩到大西南，后来又在欧洲战场当了七年记者。他写过："那七年，我的心没有一天离开过故土，思念着老家以及老家的一切。"1949年3月，他谢绝英籍捷克汉学家何伦教授约他赴英任教的邀请，毅然回国。1957年因发表了《放心·容忍·人事工作》而成了右派，从此，他就和文艺离得远远的，只好写《麦克米伦回忆录》《肯尼迪在白宫一千天》《第二次世界大战》一类的东西。尽管如此，他在"文化大革命"时期，仍然受尽磨难。

回忆过往的苦难日子，萧老写道："我既时刻在省察自己，也在观察与我同命运的人，特别是比我更加冤枉或受罪更大的人……'文化大革命'后，每当有人悄悄地对我表示1957年欠了我的'账'，对不起我时，我一律回答说：'怪不得你'……"

失去的和过去的东西，永远捡不回来，唯有向前看。萧老若有所思地说："现在每活一天，就是白赚一天。"我问他写完了《北京城杂忆》后，又将写什么？

他笑着说："准备写《在歌声中回忆》，写自己的经历，写一个娃娃在唱一首歌。"

我想，他的新作一定是写他自己近八十年的人生体验。以他的话说，"在这坎坷不平的道路上，有成功也有失败，有欢乐也有悲哀，有值得自豪的，也有足以悔恨的"。难得的是，他不以感伤或哀怨去对待过去，他是那么严格对待自己，那么善于宽恕别人，现在又那么乐观地、忠实地面对着未来。

再附：萧乾访港一席谈

中国著名记者、名作家萧乾先生月前刚刚结束到欧美的讲学、访问，12月底又风尘仆仆接受香港中文大学崇基学院"黄林秀莲访问学人"的邀请来港讲学（这之前，被邀请者有杨振宁、钱伟长、柳存仁）。访问期间，萧老将决定讲：《我在英国结交的文友》《从抗战到战后我对人性的体验》《八十年代的中国文学》《作家、人、爱情、感情》《透过晚近小说对爱情的处理看中国创作界的现状》。从萧老演讲的选题看，可知他对文学、人性、感情、友情的重视，并对生活、事业、真理不懈的追求和探索。

新年的头一天，萧先生在他的寓所接受我的访问。离去年在京见面，整整一年了，他依然精神饱满，诚意热情。文洁若正忙着她的翻译工作，萧老坐在沙发上笑谈他几次来港都与九字有缘。第一次到港是1938年到1939年，那时香港处于抗战时期，很纷乱，萧老写有关抗日的文章，不少段落常被老编以红笔勾掉，萧老便留空交稿，以示抗议，这种做法当时称之"开天窗"。第二次到港是1948年到1949年，萧老已入不惑之年，但正处在人生十字路口，是到英国教书，还是回国？犹豫之际，回想在欧洲时，亲睹无国籍人士的不幸命运，决定回到自己的出生地北京安家落户。回国后，看到妓女得到改造，农村进行土地改革，人民拥护共产党，内心平和，充满希望。然而，1955年开始了反胡风运动，知识分子的情绪有所变化了。

回忆往事时，萧老解释说自己没有资本，所以土改时期没有触及灵魂。

三十年后，1979年，他重临香港，之后又数次路过香港。他表示这次到港的心情最好，因香港前途已定，将实行"一国两制"，国家既是一个，对香港又可保留不同制度，目标一致，却有创意，将中国建设成民主富强的大国。

谈到近年来内地与香港的文化交流时，萧老认为近年来香港不少学者回内地讲学、交换意见，对促进文化交流起了很大的作用。从近来香港对内地改革的关心，说明内地与香港息息相关，这种关心是对内地改革的拥护。认识萧老的人，都知道他很讲究实事求是的精神。此次到港，他觉得香港有些学者的风范值得内地学习，他举例说，除夕前晚，崇基学院院长举行盛宴，客人大多数是学院的勤杂工、阿妈、花匠、机工、看门人、清洁工等，院长特别表扬露天工作的人，还送礼物及派奖金给他们，这种人与人之间的平等关系，在内地还是少见的。他认为内地近年来人民生活水平有所提高，大家心情舒畅，大方向令人满意，但个别人作风仍令人反感，如有些外事负责人利用职权与港人换外汇。收数时不给收据，假公济私，公私不分。还有，在上海举行汉学家会议时，将香港记者当外国记者一样看待，香港记者也是中国人，这种厚内薄外的思想影响不好。

萧老是名记者、名作家，我们的谈话自然很快地转入他的本行。

说到80年代的中国文学，萧老说总的看来，其深度、广度超过以前。但也存在一些毛病，比如爱情体裁，以前不太敢触及，违反了自然规律。文学是反映生活的，爱情是生活的一部分，文学家怎能不写爱情呢？但打破了禁区之后，却又显得太滥了。文学作品、电视剧演出，反映爱情生活的多缺乏深沉的内容和新的角度。至于评论界，大多是不痛不痒的批评，内地应出现龙应台这样大胆、明确、不讲情面的书评家。

萧老到港不过数天，却是浮想联翩，有自己的独特见解，不愧是位思维活泼、触觉敏锐的名记者、名作家。

1987年1月

1985年11月于北京木樨地肖乾寓所采访，左为肖乾先生，中为肖乾夫人文洁若女士，右为作者

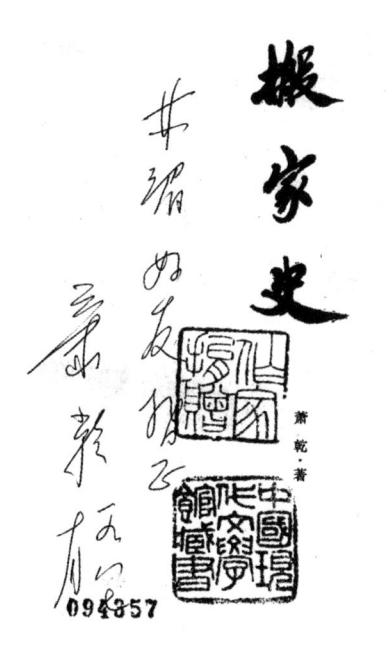

萧乾赠予作者的著作，此书现藏于中国现代文学馆

风雨浮沉三十年
——记文艺评论家冯牧

中国内地过往三十年间，文艺评论和文艺创作均在坎坷、曲折的道路上前行。

道路虽然艰辛，但不乏披荆斩棘、辛勤耕耘的人，冯牧就是其中的一位。几十年来，他不计名利，任劳任怨，为中国文坛做了大量的工作。冯牧今年六十六岁，现任中国作家协会副主席、书记处副书记，中国笔会副会长，《文艺报》主编，友谊出版社副董事长。不论从资历还是职位来看，在当今中国文坛上，他是位举足轻重的人物。

认识冯牧已一年多，其间见过几次面。他气质独特，谈吐庄重，待人真诚，态度和谐，说话无官腔。几年来，内地文艺界人士公认他对中国文坛有不少的贡献，只是海外华人对他还不太了解，有的人甚至有误解。我在香港就看到有的杂志发表他是位"书生气十足""和稀泥"的文化官，甚至有人写了对他毫无根据的指责文章。在北京见面时，我曾和他谈及此事，对于一些不实之词，他总是保持沉默，并不正面回答我的问题。也许"沉默值千金"；也许他有他的苦衷呢；也许，事实终归是事实，不实之词终有一天会得到澄清。

冯牧出生于北京一个素负盛名的高级知识分子家庭,父亲冯承钧是清末的留法学生,也是著名的中国历史、民族史、交通史研究家。父亲的学识、情操、治学态度,深深影响了少年时代的冯牧,并使他的聪慧天资得到良好的熏陶和发展。由于家里藏书多,加上他的好学,少年时期,就奠定了他富有当代的、古典的、中西文化的知识基础。当一二·九运动风起云涌时,冯牧正在北京孔德中学读书,虽然成绩优异,但时代的变迁、社会的冲击,使这个血气方刚的青年得到了启蒙,并很快地投入社会风暴中,参加了"民先"领导的"读书会",为抗战时期的进步刊物而奔波。

抗战爆发不久,历史的使命促使他决意离开安逸的家庭,奔赴延安,先入"抗大",后又考入鲁迅艺术学院。该校有第一流的教师如何其芳、茅盾、周扬、周立波等。冯牧是教师们的得意门生。这时,他系统地读了中外哲学、文学、历史名著,并开始从事文学评论和文艺编辑工作,还担任了延安《解放日报》的文艺编辑。

解放战争一开始,他任二野前线记者,随军南下。

……

岁月的流逝,形势的变化,常常使人事后不由自主地对以往的选择道路作番回忆和思考。想起往事,冯牧坦诚地说:"我是带着一种甜蜜的、兴奋的、愉快的心情来回忆过去的日子,因为它决定了我一生所要走的路。"

几十年来,冯牧在繁忙工作之余,先后发表了许多文艺评论文章,出版的评论集有《耕耘文学》《新时期文学的主流》《繁花与草叶》《激流小集》《文学评论选》等。在这些著作中,读者无不感到他的雄辩的逻辑力量、澎湃的激情、广博的学识和独特的情操。

早在50年代,冯牧已担任云南军区政治部文化部副部长,后来又历任《新观察》主编、《文艺报》副主编。但在"文革"期间,他也没有幸免于难,他被当作"牛"关在空气不流通的小房里。然而,小房关不住他的心,他带着慢性哮喘病,继续关心着中国的文学事业。

这一段苦难的历程,使他日后成了作家的知音。

冯牧在文学事业上付出时间和心血最多的是培育新人、奖掖后进,为文艺青年铺路、架桥。

他之所以如此重视年轻人是有原因的。早在延安时期,他看到何其芳经常给学生改稿,选上好作品在课堂上评议,再将稿件介绍到后方的《大公报》发表。冯牧早期的作品就是在《解放日报》上发表的。当他后来担任《解放日报》副刊编辑时,艾思奇也是这样培养后进的。冯牧深受他们品德的影响。后来在云南军区政治部文化部任副部长时,注重吸收文学青年参军,培养部队中的文学青年,跟他们一起下部队,到红河、西双版纳、澜沧、临沧、阿佤山区,和文学青年一起商量作品题材和主题的提炼、人物的处理、结构的安排等等,然后又亲自为他们改稿,再介绍到《解放军文艺》和《人民文学》等刊物发表。并注重从基层发现有才华的青年,加以培养、扶植。彭荆风的《芦笙恋歌》、公刘的《阿佤山组诗》便是这个时候的作品。白桦、徐怀中、陆柱国等人,都是他亲手扶持起来的。

"四人帮"垮台后,中国的历史进入了新时期,从此,冯牧的工作也开始了新的历程。他以同"左"的干扰做斗争而受到文艺界的尊敬。

"四人帮"刚垮台时,在中共中央宣传部召开的工作会议上,许多人心有余悸,不敢大胆讲话,冯牧却慷慨陈词,第一个为胡风讲话,认为胡风是冤枉的、受委屈的。他提出:"不能一个人讲话算数,不能神化和迷信一个人。历史必须回到实事求是的基点。"他的坦言令老作家们为他捏一把汗。

1977年，中国文坛继"伤痕文学"之后，又出现了"反思文学"。一时间涌现了大量中、青年作家大胆探索、勇于直言的作品。这时，某些"左"倾领导不是大为紧张，就是优柔寡断，或想扼杀这些文学园地中的绿茵。那时，《解放军文艺》刊登《飞天》即遭到批评，认为这是一部空想的脱离实际的作品。接着《解放军报》又批判《苦恋》。所谓"思想问题座谈会"纷纷在各地召开，弄得人心惶惶，文艺界大有"匆匆春又归去"之势。

1982年，《十月》编辑部收到反映军事题材的《高山下的花环》（作者李存葆）。这部中篇小说令一些人震惊。不久，《十月》主编将书稿转交给冯牧审阅。冯牧在百忙中挤出时间，很快看完，并严肃指出："'文化大革命'十年已没有了文艺，现在文坛刚刚苏醒，即使青年人有失误，也应爱护培养，鼓励他们，加以引导，而不能一棒子打死。"冯牧认为，《高山下的花环》冲破了军事题材的禁区，是创作自由的成果。几天后，冯牧便在《人民日报》上撰文，肯定《高山下的花环》是"瑰丽和宝贵的小说"，为创作自由鸣锣开道。

近几年来，冯牧不断发表讲话和文章，提出对文艺问题的见解，以推动文艺事业的发展。

1984年，冯牧在昆明一次文学研究学术讲座会上，号召文艺工作者继续与极"左"思潮斗争，提倡创作主题深刻化，题材多样化，力求艺术质量的提高和形式的创新。主张允许青年人尝试，也允许失败，强调要大力培养发掘有才华有潜质的中青年作家。同时指出文艺评论要跟上时代的发展。

1984年，新中国成立三十五周年的时候，冯牧又发表长文，总结了三十五年来中国文艺所走过的曲折道路，肯定了近几年来是中国"新文学发展历史上最好的时期之一"。对新时期文学发展做了中肯的评价和估量，并对"左"的思想继续做无情的鞭挞。1985

年,他在《文艺报》发表的《关于创作自由和评论自由》一文中,提出创作自由也应旁及评论自由、研究自由、学术自由,指出有些地区仍然在搞"左"的东西。他写道:"'左'对我们文艺的危害问题不解决,将使我们的文学艺术陷入困境,不可能使文艺出现真正持久的繁荣,不可能使我们的文学艺术工作的步伐,同我们的社会主义建设一致。"

冯牧不仅在扶植文学青年和文艺评论工作上成绩斐然,他还是作家。他的散文集《滇云揽胜记》就是在忙中抽空写成的。他身为文艺工作的负责人,经常带病工作。此次在京见到他时,他仍是带病坚持开会,看望老作家,坚持每晚抽空看看青年作家的小说,了解青年创作的趋向。他的家也成了与作家谈心的地方。那天,我就看到叶楠和外地的文艺工作者到访,不论职位的高低,他一律热情接待。我想,最能说明一个人品格的,关键在于事实。

作为文艺评论家、作家、内地文坛重要负责人的冯牧先生,他对中国文学事业的贡献,是不会被人忘记的。

1986 年 3 月

1985年11月摄于北京京西宾馆。右为冯牧先生，中为李存葆先生，左为作者

林湄同志：

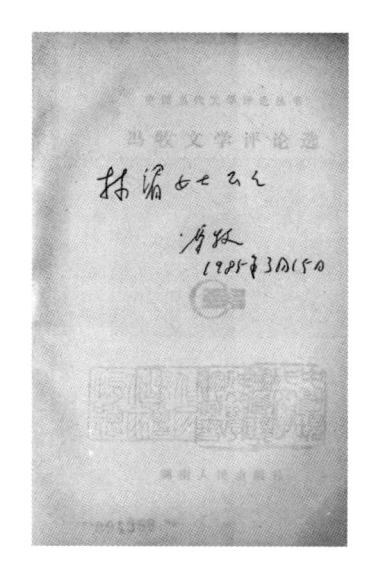

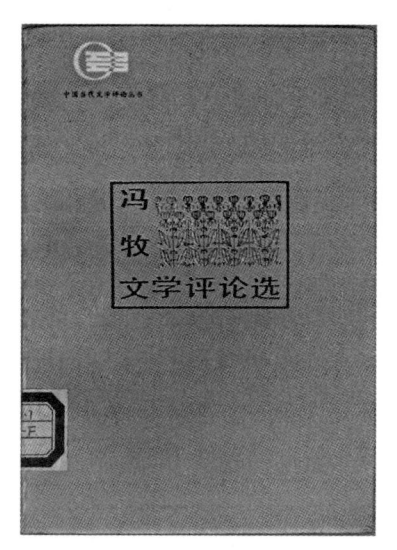

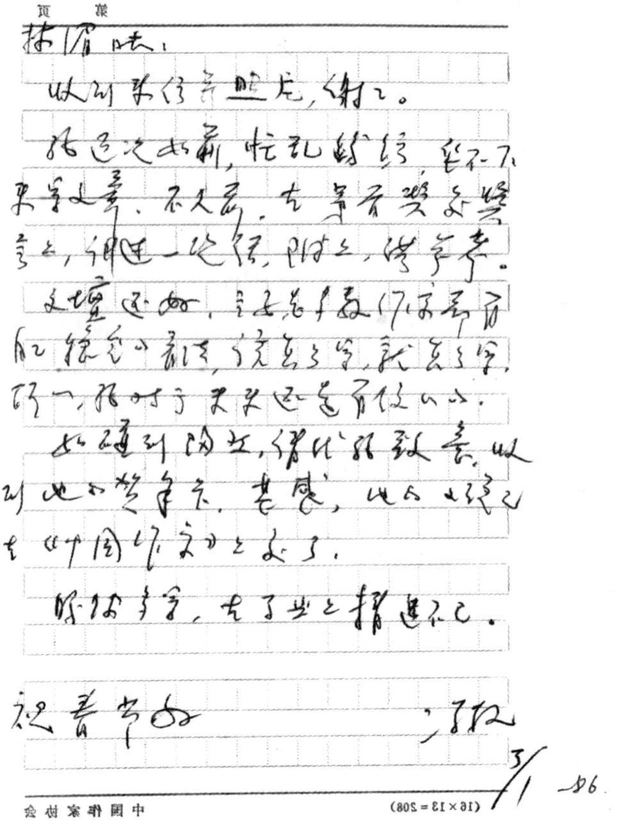

收到来信和你的赠书，谢谢。

春节之前，忙乱得很，无时间来写文章。春节后，去年得奖名单宣告，则又是一些琐事，挤掉了许多时间。文坛近如果有新人出现，我总是乐于给予关怀的，尽管我现在对于某些还是有隔阂的。

如提到你的这本小说集的话，我只能以我的苦乐感，从我所意识到的困惑来表达了。

敬祝春禧，并多多指教。

祝
春安

冯牧
3/1 86

林湄同志惠存
冯牧
1985年3月15日

幸福与痛苦在别人眼中
——访老作家萧军

萧军,原名刘鸿霖,辽宁人。这个中国文坛上的老前辈,八十年走过的生活道路及其文学生涯,均是丰富多彩的。他一生当过骑兵、炮兵、见习官、少尉助教、报刊编辑、教员、鲁迅艺术学院院长、鲁迅文化出版社社长、《文化报》主编、文物研究员。在他坎坷、复杂、曲折的命运里,曾以田军、萧军、刘军等笔名发表过许多著作,如小说集《跋涉》,短篇小说集《羊》《江上》,散文小说集《十月十五》,中篇小说《涓涓》,游记《侧面》,长篇小说《五月的矿工》《过去的年代》。其中代表作《八月的乡村》深得鲁迅先生的好评。

他的笔名喜欢用"军"字,大概与他早年从戎的生涯有关吧!

然而,今日的萧军,人们见到他时,总是喜欢把他的名字与萧红联系起来。

这也难怪,在萧军的生命旅程中,有六年多的时间是与萧红同居的。萧红是中国新文学运动中的著名女作家,她命运多舛,英年早逝,深得广大读者的同情。爱护萧红的读者,往往责怪她生前的伴侣萧军和端木蕻良对萧红照顾不周。(读者的这点心情,是可以理解的。)

我访萧军，也是抱着这个意向的。因为我看过萧红的作品及有关她的传记，也听不少文化前辈说过萧军、端木蕻良对萧红的粗暴态度。甚至有些读者惋惜地说："要是萧红当年得到人的照顾，也许不会那么早离世！"

这次萧军来港被安排的活动很多，想专访他很难，好在他严厉把关的女儿遂了我的心愿，允许我短时间的会见。

那天午后，他刚从外面回到香港柏宁酒店，瞧他满面红润，略微出汗，就知道他的确累了，我一叫萧老，他就热情地与我握手。

他个儿不高，但身材硕大，一副东北人的粗犷相，着一身深色布衫，大脸大耳，银丝般的白发上，戴一顶扁平小帽，看上去既有福相又有亲切感。

我刚坐上沙发，就问起积压在我心中长久的话题："萧老别见怪，听说您过去打骂过萧红？"

"哎呀，我到哪里去，人们总这样问我，萧红死了几十年，她的阴魂还是缠住我，叫我背了几十年的黑锅。"由于他身体略胖，刚从外面回来，他的语气有点急促，但还是很平静、和气地回答我的问题，毫无生气的样子，令我出乎意外。须臾，他从柜上抽出一支香烟，叼在嘴里，慢吞吞地说："爱情没有规定是永恒的，再好的感情也会变化，有的是一方变，有的是两方都变。"

"您不在意别人对您的指责吗？"我指的当然又是关于他和萧红之间的事。

他摇着头说："没有一个人背后不说人。一个人的幸福与痛苦，全在别人的眼中，没有办法去堵塞人的嘴巴不说话。我和萧红是在特定的环境下结婚的，当时她很绝望，我是想拯救她出来的。至于如何看待我们的分手，见仁见智，何况世界上任何事情都不可能只有一种看法，每个人都是根据自己的立场、观点、利害关系说话的。"

"您与萧红分开的最重要原因是什么?"他是老前辈,我问这话的时候,真害怕他不高兴。

他沉思片刻,正色地说:"最主要的原因是性格、气质不同,萧红过于自尊、自负,几乎近于病态。她是个很神经质的人,有时痛哭流涕,眼泪还没有干就大笑起来。我们结合是出于客观环境,否则不会成功,后来她成名了,我们就有条件分手了。"

"我曾听丁玲说,萧红在延安时期、在全国抗日救亡运动最紧张的时候,并不太关心政治、国家命运,而是穿着红缎衣、高靴子,与端木蕻良整日沉迷于恋爱。那时,端木蕻良也是全式西化打扮的,手里还持一根马鞭呢。"

"萧红的那件红缎黑边衣服,是我在上海买给她的。我认为萧红与端木蕻良的结合是互相利用的。1938年,我在山西临汾教书,后来准备去打游击,她好心好意劝我搞文学创作。当时我们因这个问题吵了起来,从那时开始,我们已作理性的分开。我说我们分开后,各人都可以再找人结婚。如果找不到合适的人,将来我们再见面时,也可以再结婚。但萧红是个很软弱的人,她总离不开男人,这也与历史环境、条件有关。丁玲说得有点夸大。"讲到这里,他深深地吸了一口烟,接着说,"这一年底,萧红以客人的身份住在西安战地服务团,那时服务团的团长是丁玲,那天我正在洗脸,萧红走过来对我说:'我们分开吧!'我回答说:'好!'从此,我们再没有见面。后来我经兰州要到新疆去,在兰州住王德芬姐姐家,不久便与王德芬结婚了,战时恋爱没有今日这样浪漫啊!"

我笑道:"我个人认为,萧红性格的最大缺陷,就是付出感情太容易,这与她不幸的命运有关。然而,一般写传记的作家,怀着对死者的怀念和同情,因此多从好的方面着笔,很少客观地反映个人的不足之处。"

"我与萧红结合,从不过问她的过去。分手了,我也总是认为,君子绝交不出恶言。"

"您认为萧红有哪些地方值得您怀念?"我含笑问道。

"萧红是个很有才华的女子,我怀念我们曾经有过的那段感情。我很惋惜她的早逝,前年经过香港,我还到萧红的墓前凭吊。"

虽然他说人的感情会变,但他们曾经热烈地爱恋过。

这时,坐在萧老身旁的女儿萧耘说:"为什么许多人不问他的创作近况,研究他的作品,老问这个过去了几十年的问题?"我真不知如何回答她,但我相信,我的这次探访,将是活资料的一次可贵的真实写照,无论对萧红、萧军还是读者,都是公平的。

1987 年 7 月

1987年5月于香港采访萧军先生

《青春之歌》续新韵
——访女作家杨沫

1985年深秋,我参加了北京京西宾馆召开的作家座谈会,不仅有机会拜见许多步履蹒跚的老作家,也结识了一些中、青年作家,其中有些是我少年时期就崇拜的,杨沫女士就是其中一位。当年,她的《青春之歌》风靡中国,我则用单纯的心看完它,那股激情叫人难忘,同学中,有人还喜欢模仿书中主角林道静的衣着打扮。

那时,我天真地想象作者一定有像林道静一样的身材、性格、思想。可是,当我见到杨沫女士时,却完全出乎意料。她已七十一岁了,虽戴眼镜,看上去有点像北方敦厚的老妈妈。岁月并没有在她外表刻下感伤的印记,她高大、肥胖、坦率、和蔼,声音温顺轻柔,一脸福相,让人觉得她乐观、健康。

杨沫祖籍是湖南省湘阴县人,但湖南省对于她只是"一块亲切、神秘又陌生的地方"。她诞生于北京一个官僚地主家庭,父亲曾任大学校长。她于1980年,才抱着"奇异的、掀动心灵美感的心",第一次回到她的故乡。

杨沫原名杨成业,后改名杨君默、杨默,抗日战争时才开始用杨沫这个名字。她有兄妹四人，著名电影演员白杨就是她的妹妹。

杨沫十七岁时父亲举家搬迁，那时，她在北京市郊的西山温泉女子中学读初中三年级，母亲为了生活向她逼嫁。她只好停学，但难以找到工作，在彷徨、苦闷之时，她曾独坐悬崖峭壁沉思，失落、绝望使她萌生跳海之念，然而，大自然的壮观又使她"惊起却回头"，她决意向生活挑战。

为了生存，从1931年开始，她先后当过家庭教师、小学教师、书店店员。1933年除夕，杨沫在妹妹的公寓里结识了东北爱国流亡青年，启迪了她抗日救国的思想，促使她参加了一二·九运动，在工作中结识了中共地下党员马建民，1937年与他结婚，并加入中国共产党（马建民先生1949年后曾任中国社会科学院历史研究所的党委书记及北京师范大学副校长）。然而，她对中国共产党"毕竟混杂着小知识分子的美妙幻想和主观想象"，所以，她必须在"革命实践中提高认识"（摘自《大河与浪花》）。

事实也确实如此。

1937年后，杨沫到华北敌后抗日根据地冀中平原的北京、天津、保定之三角地带搞抗日救亡工作。直到解放战争结束，1949年重返北京。

她的文学基础是童年时期奠定的。因生活在官僚地主家庭，母亲不大管教子女，她便从书中寻找乐趣。童年失去母爱，后来又失学失业，再参加抗日救亡运动，这些经历使她内心充满激情，并产生创作欲望。

她的处女作——散文《热南山地居民生活素描》发表于1934年北京出版的《黑白》杂志上。自1934年到1937年间，又在上海的杂志或报刊上发表许多揭露日寇侵华罪行的短篇小说。

从抗战初期到1949年，她写了不少反映中国人民坚持抗战的短篇小说、散文和报告文学。

杨沫的真正创作生涯是1949年回到北京之后开始的，那时候她已步入中年了。

1950年，她完成了中篇小说《苇塘纪事》。这年，杨沫因病入院疗养，住在医院，虽然苦闷、无聊，但也令她能够静下来回忆往事、思考问题，那些过去了的事和牺牲了的人，又在她的脑子里复活。她说："激荡在心头的忧国之情，成了催促我写作的催燃剂。"正是这种创作激情的催促，她抱病开始创作长篇小说《青春之歌》。1957年，这部四十余万字的巨著始告完成、出版。1959年又改编成电影剧本，搬上银幕。1960年她又在健康不太好的情况下，创作了《红红的山丹花》等三部短篇小说。

《青春之歌》作者写的是自己熟悉的生活，作品中主人公之一林道静，多少带有作者本人的影子，她的形象是真实的。她说："如果没有那样的革命经历，绝对不能写出那样的作品来。"其他主要人物如余永泽、卢嘉川、林红、江华等，也是作者以自己所熟悉的人物为模特儿塑造出来的。

《青春之歌》一出版，即成了中国最畅销的长篇小说之一，发行量达四五百万册，又被译成英、法、日等文字。1959年《中国青年》和《文艺报》开展了一场对《青春之歌》的争论。有人认为此书宣传了小资产阶级情调，有人认为林道静身上虽存在一些小资产阶级思想感情，但追求真理、渴望投身革命是她的思想主流。后来，茅盾写了长文《怎样评价〈青春之歌〉》，做了公正的评论，肯定了《青春之歌》的价值。但到了后来，中国又有三百多种小报，批判《青春之歌》为"大毒草"。

杨沫并没有因受批判而停笔，《青春之歌》面世以来，她强烈地希望能写《青春之歌》的续篇。那时，许多作家心灰意冷，不想创作，杨沫却于1973年到1976年期间，满腔热情地计划写一部一百万字、反映中国知识分子在抗日战争中生活、斗争的作品，当她完成了七十万字,即将付印出版的时候,"四人帮"垮台了。不久,杨沫意识到自己受"左"倾错误创作理论的束缚,作品中突出的阶级斗争和知识分子的改造问题,已不合新形势的需要。同时还发现新作里没有写自己熟悉的、理解的女知识分子,而是硬写了自己不熟悉的人物和战争大场面。经过了深思熟虑,她决定将《东方欲晓》写成《青春之歌》的续篇,即将《东方欲晓》改成《芳菲之歌》与《英华之歌》,让林道静在《芳菲之歌》里出现,叫死而复活的卢嘉川在书结尾里与林道静重逢。还有,在《英华之歌》中出现林道静在战火中成长,与卢嘉川之间的悲欢之情,以及与柳明的关系,而柳明和她的心上人曹鸿远也将有更微妙的情感发展,这样,三部小说的故事虽然相对独立,但人物间的命运却是互相关联的。

杨沫说,她用三年的时间将《芳菲之歌》的旧稿改了20%到30%,目前已定稿交广东花城出版社出版。《英华之歌》也已完成了一半,准备再花一年时间完稿,修改部分达70%到80%。

对作家而言,停止写作是痛苦的。杨沫女士虽然年事已高,工作繁忙,仍然勤于执笔,且有一个创作蓝图。在创作长篇小说的同时,杨沫也写了许多短文,如《不是日记的日记》《给青年读者的信》《难忘的悠悠岁月》《乡情》《深埋在心底的思念》《大海的浪花》《我和〈东方欲晓〉》等,还为《台湾和海外华人作家作品选》写了序文。

对于自己的创作生涯,杨沫打了个形象的比喻:"像一个建筑师指挥修建一座大型工厂,必须精心地谋划。""将堆积着的浩繁材料,有计划地造成一座美丽的厂房。"为此,她经常出离子孙满堂的温暖家庭,风尘仆仆,或参观访问,或在一个寂静的地方潜心创作。近几年,每到寒冬,她均独自到广东珠海的海霞新村住一段时间,致力创作。寂寞的生活是难耐的。但她常以安徒生一生不结婚专心创作为例，勉励自己要耐得住寂寞。尤其是时间，对于她实在太宝贵了。她写道："能够供我使用的时间已经不多了，我得赶紧把刻在心上的一块块丰碑移到纸上……让他们不致因为我的肉体消失而泯灭……"

杨沫热爱生活，她的心与社会、与读者息息相通。今天，在新的生活激流中，她积极主张文艺工作者应该站在时代的前列，投身到伟大的洪流中去。现在，她身为全国人大代表和全国人大常委会委员、中国作家协会理事、北京市文学艺术界联合会主席。虽身兼数职，却老当益壮。但也有人不理解她，说她的有些作品时代性太强。

前面已说，"四人帮"垮台后，杨沫就意识到《东方欲晓》的创作受"极左"路线的影响，受"三突出"模式的毒害，所以决意进行大修改。由此看来，她的创作态度是认真、严肃、负责的。现在，杨沫的生活紧张而又充实。1978年，她率领中国作家代表团访问巴基斯坦。1981年又到美国卫斯理大学参加国际女作家的盛会。她说，该做的事、该写的东西那么多，再有一次生命也不够用啊。

如今，她已过古稀之年，但对于一个真正懂得生活、热爱生活、痴迷文学的人来说，年龄锁不住她的激情。愿杨沫女士的生活与创作，仍然是一首"青春之歌"。

1986 年 7 月

1985年11月于北京京西宾馆。中为杨沫女士，右为冯牧先生，左为作者

1985年11月于北京京西宾馆。右为杨沫女士，左为茹志娟女士，中为作者

花城出版社
―― FLOWER CITY PUBLISHING HOUSE ――

琴眉小友：

寄来的文章早收到，谢谢。

你提的四点很好，可以再帮我

选两些吗？（和此书无关也，及我欠的）

寄上刚出版的"芳菲之歌"请多练

批评我立刻要挤空一下反映。也可以给

学校看。

　　　　　　　　　　　　　　86.9.10

　　　　　　　　　　　　杨沫

惊天一曲唱至今
——张光年留影

久闻张光年大名,那是因为在学生时期,与同学一起激奋地高唱过一首歌:"风在吼,马在叫,黄河在咆哮……"如今见到他,他已年逾古稀。好在他精神仍然很好,身材魁梧,腰背笔直,他穿一身咖啡色呢质大衣,别有一番老年人的端庄风度。

在中国文学史上,不少作家是一举成名的,或诗,或小说,或散文……张光年就是一例。

1938年11月,张光年二十五岁时,武汉沦陷,他带领抗敌演剧三队,从陕西宜川县的壶口附近东渡黄河,想转入吕梁山抗日根据地,途中看到汹涌澎湃的黄河瀑布,听到激昂雄壮的船夫号子,顿时文思泉涌……组诗《黄河大合唱》由此而来。

1939年1月,张光年去了延安,不幸路上堕马,手臂受伤,然因抗战激情驱使,决定口授诗句,五天后便完成了四百多行的组诗:《黄河大合唱》。当年轻的音乐家冼星海读到这组诗时,非常激动、兴奋,立即花费了六天的时间为它谱曲,并于是年5月11日,在延安陕北公学礼堂庆祝会上,由冼星海指挥、鲁迅艺术学院师生首次公开演唱。这首具有时代呐喊精神的史诗般乐曲,自此在中华大地广泛传唱，直到今天仍受到无数中外听众的热爱，教育了几代人。张光年的名字，也因此刻在人们的心上。

张光年是湖北省光化县老河镇人，1913年11月1日出生。笔名是"光未然"。他没有按部就班地上过学，十二岁见洋人杀戮国人而参加了游行队伍，十五岁入党后便投入时代的洪流，当过学徒和店员，过着颠沛流离、九死一生的日子。直到30年代初在武汉受过两年高等教育，此后教过小学、中学，不久便从事文艺活动，写诗、剧本。

他的作品多与时代息息相关，1935年，他创作了《五月的鲜花》，讴歌抗日的英雄们。这首诗后来被谱曲，在军民中流传甚广。还与阎述诗合作独幕剧《诗人的受骗》、讽刺剧《民主在欧洲旅行》。

抗日战争时期，他创作了一些短剧，结集为《街头剧创作集》。1940年又完成了长篇叙事诗《屈原》，用以鼓舞民众的抗日热情。

抗战后期他过了一段流亡生活，直到抗战胜利，生活才安定下来。

他曾在北方大学、华北大学担任教学工作，1949年后，先后主编过《剧本》《文艺报》，担任过中国作协书记处书记。身为文化界领导的他，一直没有停止文艺创作及文艺评论写作，除出版过诗集《五月花》外，还出版过《文艺辩论集》。

1985年深秋，在北京京西宾馆召开的作家座谈会上，我拜会了张光年先生。也许是经历数次"运动"的缘故吧，张光年变得肃穆安静，说话不多。他坐在那里，专心听别人的讲话，当时，围坐在他同一台桌的还有孔罗荪、蹇先艾、冯牧、杨沫、茹志鹃等人。我坐在他的旁边，笑问这位老评论家对当前的文艺创作有什么看法，他总是笑而不答。他让我去问冯牧先生，我再三追问，他才说了几句话："现在文艺比较娇气，挨不起批评。我个人认为，对于一些探讨性的文艺作品，还是以疏导为好，不要动辄扣帽子。"

这时，李存葆等人过来和他打招呼，他连忙起身，态度和蔼，脸带笑容，毫无架子。

两年多前，文坛刚刚呈现一片前所未有的宽松自由景象，没想到，小报消息，通俗、庸俗作品立即"蠢蠢欲动"，很快充塞了市面，对此有什么想法呢？见张光年坐回原位时，我即追问起他来。

他又是沉默不语，良久，才语重心长地说："文学应贴近广大人民的思想感情，深刻地表现当代中国人民的精神面貌。符合人民心愿的东西，才有强大的生命力。"

我正洗耳恭听，一直保持沉默不言的孔罗荪先生突然幽默地插道："不自由不好，自由了，也出现了一些钻空子文学。"

大家听了，都笑了起来。

张光年从戏剧学院被调到文化部时，是任命公布的，不能改变，只好放弃写作。后来又从文化部被调到剧协、作协……

张光年先生寡言少语，我多么希望借此机会，坦言采访，可惜，我们见面的场所毕竟是百人以上聚集的座谈会，他又是文化界领导，我们交谈期间，不时有人前来找他说话，而我也没有事前预约，不算专访，所以，对于这次作家们和谐而亲切的交谈，虽然难忘，但我还是带着没有答案的问题，遗憾地告别了。

1988 年 5 月

1985年秋采访张光年先生（左二）。左一为孔罗荪先生，左三为蹇先艾先生，右为作者

香港文坛的一员宿将
——访刘以鬯先生

香港的商业环境，处处充满了股票、黄金的诱惑。能够不随波逐流，将一生的时间、精力贡献给文化事业，是件不易办到的事。这，需要毅力和理想。

刘以鬯先生是香港文坛的一员宿将。早在三十多年前，当他从上海圣约翰大学哲学系毕业后，便开始在各大报担任主笔、编辑等工作。从祖国内地到祖国香港，从祖国香港到新加坡，又从新加坡回到祖国香港，无论生活如何地颠沛，他从未放下笔。一面从事报纸编辑工作，一面坚持写作。当他回忆起几十年的创作生涯时，形容自己是"一部机器"。他说："机器有修理的时候，但在香港卖文，连生病的权利也没有。"为了生活，刘先生写了六七千万字的"行货"。他叹息地把这些"行货"称为"垃圾"。

其实，刘先生是"两只手写作"的人。他在写大量流行小说"搵食"的同时，又按照自己的意愿，写出大量严肃的文学作品。读者只能从这些严肃的作品中，真正了解到刘先生的理想和情操，对人生的真实感触，对社会的解剖深度，从而做出公正的评论。

刘先生说："小说不但反映人生，也可以视作对人生的解释。""如果小说的目的之一是强调道德的振兴的话,对社会当然产生作用。"刘先生就是抱着这种社会责任感从事创作的。

历代以来,人们对小说的褒贬,都离不开内容和形式的审美范畴。从刘先生青年时代创作的《天堂与地狱》,到1983年写的短篇小说《打错了》等一系列作品中,可以看出他取材之精心和严肃。如《酒徒》是写"一个因处于这个苦闷时代而心智不十分平衡的知识分子,怎样用自我虐待的方式求取继续的生存"。可想而知,这部小说反映了一个文艺工作者,对纸醉金迷的商业社会的不满和愤慨。

短篇小说《蟑螂》的主题思想是谈论生命、死亡及权力的问题;而长篇小说《陶瓷》是描述香港陶瓷市场受政治因素引起的波动,展示了"欲望"戏弄人生的哲理。

然而,刘先生在小说创作中,最大的成就是他于小说创作中的文字和表现形式的大胆探索和追求,创下了自己独特的艺术新意。

刘先生说:"中国文学不能再停留在模仿和借鉴的水准上,得想办法超越国际文学的水准。"刘先生依照自己的理论,运用不同的手法表现题材,却不拘泥于现实主义的创作方法。

也许他是受诺贝尔奖文学奖获得者W.福克纳的影响。W.福克纳认为:"只有人类内心冲突的问题,才值得写……只有写这个问题才能产生好的作品……人类之所以能够不死,并不因为他是唯一具有讲话能力的动物,而是因为他有灵魂,一种可以使他能够同情、牺牲与忍耐的精神。"为此,刘先生在他的代表作《酒徒》里,在向幻想世界的开拓中,选用了这种意识流的表现手法。作者通过小说主人翁在外界和内心的压迫中,在醉与醒的独白、景物与人的意识交错、对未来的欲望和对过去的缅怀中,糅合了一幅精神状态图。"全书就是写酒徒如何一次又一次借酒逃入梦幻世界,醒回重对现实的挣扎、失败,乃至灭亡。"作者运用意识流的技巧,表现个人的内在精神面貌和对功利社会的绝望。

《酒徒》被誉为中国第一部意识流小说。

刘先生创作上的新意还表现在将小说的现代艺术和民族传统艺术相结合的探索上。在《寺内》《蛇》等的故事新编中，他突出地用现代人的感受去表现古老的民间故事。

《寺内》是用现代手法重写《西厢记》，《除夕》写的是曹雪芹之死，《蛇》取材于《白蛇传》，《蜘蛛精》取材于《西游记》……《对倒》是作者尝试以有人物无故事的创作技巧来反映社会的生活。小说中的内容、结构、技巧、人物、情节、观点、心态全是对倒的，全文人物貌似无联系，实际上"利用陪衬的人物穿插在两人中间，借此形成一个交织式的格局，表现时代的特色"。《对倒》已被日本作家木桥春光译成日文收在《现代中国短篇小说选》中。

刘先生迥异常庸的功力，还体现在诗与小说的结合上。他认为诗体小说不是新的东西，但这条道路仍可开阔和伸展。在《酒徒》一书中，我们到处可见诗样的语言："眼睛是两块毛玻璃""脑子里只有固体的笑""思想是无轨的电车""风拂过，海水作久别重逢的寒暄"……

在刘先生的创作道路中，也有人对他的新意技巧提出异议和看法，但他对自己的创作探索仍然抱着乐观的态度。他在香港市政局办的"文学周"演讲中再次提到："小说家的路子应越走越宽，墨守成规是阻止进步的障碍，写小说的人必须有自己的风格。"

现在，刘先生已逾花甲之年，但他仍然像一部崭新的"机器"，高速地生产着文学作品。他为自己安排的工作次序是："每天早晨从九点开始写到十二点，中午吃饭及休息共一小时，再继续写到三点半，然后到报馆工作。晚上从八点左右写到深夜。"从他每天的创作时间看，他饱满的创作热情和惊人的毅力令人敬佩。

在和笔者的交谈中，刘先生表示："一个人的生命有限，想在有限的生命中做一点有益于人民的事。"他说到做到，1984年年底，由他任总编辑的《香港文学》月刊创刊了。这本月刊没有地域的限制，在各种流派的文艺创作、评论、史料研究中，提倡和推广读书和创作风气，为海内外中文文艺创作提供了沟通和交流的园地。

除了报馆工作和《香港文学》的繁忙工作外，他还抽空研究文学史、从事文艺评论和翻译等工作，其先后翻译了乔也斯·卡洛儿·奥茨的《人间乐园》、积珂蓬·苏珊的《娃娃谷》、以撒·辛格的《庄园》，并于1980年到1982年为广州花城出版社编选《外国短篇小说选》，也为香港文学研究社编《中国新文学丛书》。

从最近问世的《看树看林》一书里，我们可以看到作者对中国新文学运动作了大量"求真、求确"和"认真、严谨"的研究，纠正了不少以讹传讹的史料错失，并怀着公道的正义的心，指出一些被忽视的重要作家，应恢复其在历史上的地位。

于香港文学会上,刘以鬯先生颁发抽奖品给作者

香港文學雜誌社
The Hong Kong Literary Press

林湄女士：

《香港文學》創刊十五周年紀念號將於二千年一月一日（即新世紀第一日）出版，誌擴充，惠賜題詞寄來，以增光彩。

勿勿順頌

儷安

劉以鬯
一九九八年
十月二十六日

在哲学里寻找生命的智慧
——记北京大学哲学系教授汤一介

我在香港从事新闻记者工作时,喜欢采访精神王国的求索者,希望从他们解读宇宙人生的方法里获得启迪。1986年初夏,适逢汤一介教授在香港讲学,因自己爱好文学和哲学,参加了他的讲座。他学识渊博,为人和蔼谦虚且有独见,决定采访之。于是按惯例在采访前阅读了他的著作,那时工作繁忙,未能系统读之,但事后仍然继续阅读,觉得哲学虽然古怪奥妙、生涩难懂,却是人生中不可缺少的一门学问,除了促使人学会思考外,尚能提高人生境界。所以,二十年后再次采访了他,希望将其丰富的哲学思考和心路历程缋于读者。

无奈的迷茫,清醒的投入

古今中外的哲人思想和学术成就都与时代脉搏、生存环境息息相关,汤一介教授也与中国同一时期的学人一样,经过了无奈、迷茫和没有自我的岁月……童年、青少年时期的动荡不安日子,几经迁移和转学，终于于十九岁（1946年）那年进入北京大学预科班，一年后升读北大哲学系。其时，他对政治不感兴趣，但北大发生了"沈崇事件"后，不久又读到《绞刑架下的报告》等，促使他思考："人为什么活着？""人不同于动物，会思考，但思考有什么意义呢？"

多年后，终于悟到：哲学只是探索，不讲意义的。

汤一介大学毕业后，被分配到北京市委党校工作，直到1956年才回到北京大学哲学系，当父亲的助手。

由于政治的职责，可以说，从1949年到1978年，哲学研究者只能叫哲学工作者。总之，漫漫三十年，学术上只有"唯物"和"唯心"的斗争。就这样，无数有志的青年人被慢慢地锈蚀。也有人索性丢弃学术研究，转而关注与切身利益相关的实惠问题，只有少数者，在"是与不是之间""现实和理论的距离里"，终于清醒了，开始走向背逆之道，汤教授就是这样的人。他说："五十年风风雨雨，近十年才从迷茫中走出来……终究有了觉悟……"

当岁月将"自由"和"真理"重新摆在历史的舞台时，可惜啊，最富创造力的时期过去了。怎么办？"不往前，就后退。"汤教授意识到这点时，已五十一岁了。

"生命的意义在于工作！"他决意重新发挥作用，继续寻思，奉献社会！然而，"哲学体系需要有哲学功底，虽然我喜欢读书，北大除了季羡林教授外，我的书最多，有三四万册。由于现实的原因，我的创作时期比较晚了，只能提问题，推动文化大讨论。"

此时的汤教授就像出土文物一样，他一面继续教学工作，一面读书著述。倍加珍惜时间和自由，在求索中觉得"中国传统哲学是不同于西方哲学、印度哲学以及伊斯兰哲学的一种哲学思想体系，因此，必须对富有特性的中国哲学作深入的研究"。在短短数年时间里，他就写出了关于中国传统玄学的流派、发展和佛教道教关系的《郭象与魏晋玄学》，富中国哲学思想特性的《传统中国文化中的儒道释》，梳理了《在非有非无之间》的辩证哲学思想。

二十多年来，除了北京大学中国哲学与文化研究所所长、中国文化书院院长等繁忙的职务工作外，他还到世界各国名牌大学或讲学或走访，将西方亚里士多德、康德、黑格尔和中国老子、庄子、孔子的真善美做了比较，从而提出中国的"内在超越"和西方的"外在超越"等议题。此外，对于中国哲学未能进入世界哲学大殿耿耿于怀，认为传统的中国哲学虽然是儒、释、道三分天下，但儒家文化是中华文化的主体，集中了历史感、道德感、积极入世感，体现了政治、伦理、礼乐融为一体的人文精神，其间的"阴阳互补""天人合一""和谐和变异"等主论，直接影响了中华文化的伦理道德、文学艺术、科技、医学、宗教、政治经济和人生观、价值观、宇宙观等等，成为具有中华特色的哲学。

尤其觉得中国传统哲学中"真善美"的基本命题，和"天人合一""知行合一""情景合一"的特殊观念，应该发扬光大，同时在与西方哲学比较中找共识和差异。他说："人和天是相通的，'知行合一'要以'天人合一'为前提，情景合一则是以思想感情再现天地造化之功，也就是说，'知行合一'也要以'天人合一'为根据。"通俗地说，以"天"为大。此"天道""天理"与西方的"罗格斯""绝对理念"有同样重要的哲学意义，如此博大精深的中华儒学，岂能被忽略？然而，若没有中国传统哲学的理论体系，是很难进入世界哲学大殿的。

虽然儒家历来以传经为己任，夏商周的"六经"经孔子传承保留下来了，之后由第一期的先秦儒学，发展到第二期的宋明理学（即新儒学），近百年因受西方思想冲击和影响，儒家进入了第三期的现代新儒学阶段。然而，中国传统哲学依然没有一部"大藏"！尽管明清两代学人都提出来了，终究没有实行。

鉴于这项工作的重要性，汤教授再次提出被遗忘的"儒藏"问题，并亲自策划主持，重新将古人对经典的注疏、研究著述文献、儒学史、儒学研究专著等编纂起来，初步预计要用十六年时间。

在"解放思想""继往开来"的今天，多少能人学者随着世俗失去自我、创意和独立思考精神，在升职、赚钱里劳碌，而汤教授不仅从迷茫、遗憾中清醒过来，还在耄耋之年抱着"活着一天都想做事"的人生态度，希望能以整理、编纂、研究儒家典籍为中华民族的复兴做点贡献。试想想，若没有对中华民族传统文化的真诚热爱，若没有对社会人生的关注，是不可能做到的。由于还有像汤教授这样默默推动传统文化的热心者，相信中国传统哲学有一天会呈现于世界哲学的大殿，且大放光彩，显示其独有的魅力和价值。

于"传统"与"现代"里找回自我

在世界哲学史里，无论是西方哲学重于外在世界的认知追求，还是东方哲学重于人自身价值的探求，都很重视"源头"和"发展"的并行关系。

没有源头，谈不上发展，也显现不出各民族文化的特色；没有发展，谈不上反思和进步。以中国来说，虽然历史文化源远流长，但数千年来不是受到外国的欺凌和压迫，就是国人自相残杀，如此史实，难道不应该在"源头"和"现实"里认认真真地叩问和反思，而不是将责任一味地推却？

面对以上事实，汤教授从三个角度分析儒学的"政治化""道统学"和"学统学"，认为历史上影响人类社会的圣人、艺术家、文学家、哲学家都是在回顾源头，分析现在，再反本开新。也就是说，研究"传统"是为"现实"服务的，任何文化的源头、发展和复兴，都离不开现实社会的实践和审度，否则，只能成为一种玄奥枯燥、无人问津的怪论。为此，汤教授在《中国传统哲学的复兴》里指出，"中国的现代化不仅仅是经济问题，也应该包含着政治和文化的现代化"。

中国哲学和人的命运一样，走过了漫长而曲折的道路，从长期的闭关自守、孤芳自赏，到以洋为崇、失去自我文化传统，都是偏见。哲学史是人类认识世界的历史，而不是哲学斗争史。汤教授说："对传统文化发展的认识，无论是激进派、自由派、保守派，均应该回到现实的意义中。"

据此意念，在"传统"与"现代"哲学的道路上，他看到了中国传统哲学中的良好宇宙人生观，如儒家思想中的"境界修养论"和"道德教化论"，对提高民族的素质修养有很大的影响，甚至在没有审视良知美丑的外来眼睛时，也能自觉地遵守公民道德，不至于以权谋私、弄虚作假，或贪污腐败、出卖良知、祸国祸民。确切地说，崇高的人生境界，是建立在良好的文化底蕴上，而提高国民素质是社会文明的最大体现，也是解决社会问题的最好办法。当然，汤教授也看到传统文化中的许多误区，如"内在超越"若只重视道德政治化，那么，道德很可能成为政治的奴婢，从而出现排他性。"内圣外王"容易美化专制统治，形成人的等级、政治道德化现象。至于传统哲学中的"良知"论和"政治哲学结合"问题，将出现重"人治"轻"法治"的国策。所以，汤教授认为儒家思想里的重要精神应该是张载所追求的人生境界，即"为天地立心，为生民立命，为往圣继绝学，为万世开太平"。

现代新儒学的代表们只从论证"内圣""外王"和"心性""良知"中得出认知的系统，是不完美的，必须从儒学的基本命题（真善美）、特殊观念（"天人合一"和"知行合一""情景合一"）和三大理论体系里（普遍和谐的宇宙人生论，内在超越的境界修养论，以及内圣外王的道德教化论），寻找儒学的现代意义和价值。

尽管意识形态不一定能解决新的时代疑惑，但作为人，却离不开意识形态。再说，哲学贵在超前和独见！能够提供看不到的未来问题。因而，汤教授虽然遵行"素位而行，随遇而安"的祖训，却在哲学的王国里喜欢思考，提出新问题。这一切，除了历史使命感和社会责任感外，也与个人的品性有关。别看他平日温文尔雅，遇到原则问题，他是不会让步的。"抗战时期，一滴汽油像一滴血那么珍贵，可是，有人用公家汽车接送孩子上学，我看到就骂他们'王八蛋'，他们就叫我'汤八蛋'。"

可贵的是这种个性没有随着时间和经历消失，1978年，他深有体会地说："不应该相信书本上的那些话，也不应该相信领导讲的那些话，应该根据自己对问题的了解看问题，书本上的那些话和领导们的话未必都是真理。"

之后，在二十多年的哲学研究中，不断地看到他的独见，如研究魏晋南北朝的学术思想时，提出对日本学者在某些问题上的不同想法。

80年代，汤教授提出的哲学概念分析问题，为中国哲学建构了一个范畴体系，接着将儒家思想中的"真善美""内在超越"与西方的康德、谢林和黑格尔做了分析比较后，主张跳出"中西古今之争"，创建一个包括"内在超越"和"外在超越"的共同哲学。其间有人担心这种中西融合法是否会失去中国的哲学特色，成为西方哲学的附庸，汤教授以中国受佛教思想的影响而没有成为佛教国家为例，反驳了以上的问题。

90年代初，亨廷顿提出"文明冲突论"时，汤教授觉得"新"的理论应对社会人生有意义才有价值，于是根据传统中国儒释道思想中的"和谐意识"发表了自己的看法。他说："语言和宗教是文化中最重要的部分，无论哪一种信仰和传统，均为历史长人口多，怎么消灭？现今许多国家都在学西方的工业化，但并不想学他们的价值观，所以，全球意识贵在各种文明互补共存，有机结合，形成人类发展文明的新时期……""任何言论应根据当时的社会环境来决定其意义，如严复的'执西用中'只在20世纪20到30年代的'全盘西化'中起到作用，要是在清末时期提出，则阻碍了全面吸收西方文化。所以，在中国经济改革开放的现实里，应该倡导和发扬光大中国传统哲学中的'和而不同'观念和'和谐意识'。我猜想冯友兰晚年那么重视《周易》很可能跟《周易》里面的一句话有关，即'乾道变化，各正性命，保合太和，则利贞'。"

在"国学热"时期，汤教授提出"国学"应该要有全球意识，"整个世界日趋'地球村'现象，中国传统文化的发展应该随着形势的需要，进行改革和变化。即走出中西古今之争，会通中西古今之学，在吸收融化其他文化中壮大自己的生命力"。

对于《论转型时期的文化合力》中有关五四运动的讨论，汤教授认为应该将文化认识和政治思潮分别开来。

关于中国哲学的总体论述，汤教授提出对于中国特殊的哲学，应该运用特殊的视角和方法，以便从"历史发展的总体上提示其概念、命题和理论体系"。

于"传统"和"现实"路上沉思求索的汤教授，多年来不但不停地提问题，还想着办法解决问题，希望将理论化为方法和德性。1998年，他提出创建中国解释学的建议，因为中国哲学虽然历史悠久，但哲学并没有平等，近百年来，都是西方哲学在影响世界。现在许多学科都在运用西方的解释学理论和方法研究中国思想文化问题。其实中国有比西方历史悠久的解释经典历史的经验，但至今为止，还没有总结出一套中国的解释学理论和方法。现在我们仍然应该努力消化西方思想文化，"走完了这一步，才会出来一个比较完整的新的中国哲学体系，就像宋明理学一样，那些中国化了的佛教宗派出来以后，慢慢被中国文化所消化，最后成为新儒学，即宋明理学"。

在哲学里寻思、研究、求索了大半世纪的汤教授，终于找到了自己的位置，并发出了生命的余光。

传承书香，守卫情愫

汤教授出身书香门第，二十岁时便显露出文学的天分，先后于《平明日报》发表散文《月亮的颂歌》和《流浪者之歌》。此时，他受教于富文学素养和为人师表的废名老师，之后还有梁思成、俞大缜、胡世华、杨振声等良师们，他们的渊博知识和崇高品行令汤教授终身受益，然而，对汤教授一生影响最大的恐怕是他的父亲汤用彤先生。按他的话说："父亲希望我为一介书生，能传家风。"有趣的是，汤用彤先生虽是会通中西、熔铸古今的国学大师，却没有任何架子，给人大好人印象。钱穆先生说汤用彤是"纯儒之典型"。"纯"意为不世故、没有心机、没有私心杂念，甚至不谙应付俗人俗事，只知道读书著作、发现和研究问题。对于儿子，"无论生活学习都不管，生平只写三封信给我"。

尽管如此，汤教授还是遗传了父亲的优良品行。了解他的人都知道他谦和善良、勤于思考，更难得的是，不以父亲为荫，反而继往开来，秉承父亲扎实认真负责的学风，即使在学术上受父亲《汉魏两晋南北朝佛教史》《魏晋玄学论稿》《印度哲学史》等著作的熏陶，但没有受到束缚，在哲学研究中特立独行，不停地思考，提出新问题。此外，自中国进入商品化时代，学术界文化界不少学人为名为利，苦心钻营，汤教授则与世无争，安静做自己的事。

值得注意的是，汤教授的父亲是国学大师，汤教授的夫人是著名的北大比较文学所所长乐黛云女士。

哲学和文学，真是苍天作美，吉人天相！使我想起了赵明诚和李清照、钱锺书和杨绛……令多少知识分子羡慕和景仰！如果说汤教授这一生无愧地传承了父亲的学识和家风，那么，他还用全部的生命去守卫他的情愫和德行。我相信自己是最有资格书写他们的，这不仅是因为了解一个人需要时间和实践，还因为我不但喜欢读汤教授的书，也喜欢读乐黛云教授的书，在《比较文学与中国现代文学》里，读到她在比较文学上超前的、独特的见解；在《我就是我》传记里，体会到事业成功的女性，若想在学术、生活、家庭婚姻、人际关系上不依权势不媚俗、特立独行、坚持到底地操守自己的灵魂净土，是多么艰难不易。除学术论著外，我还在多本《中国散文名篇》和她主编的诸多丛书里，了解她历经世事后，笔下流露的坦然、率真、自信豁达的性情，以及缅怀好友的真诚和人生感悟。

平时，除了博导教学外，乐教授勤奋努力，著作多多，还经常受邀到世界各国名校讲学或参加国际性的学术研讨会等，但她并不为此骄傲，反而淡泊名利，鼓励后进，助人为乐。这或许与她的人生阅历有关吧。是的，如此美好的一对佳人学士，也和中国近代史上无数的文人学士一样——成功的后面有着不为人知的坎坷和艰辛……

姻缘从来天注定。

1951年，汤一介和乐黛云从同校学生走向了红毯的另一端，美好的情感和共同的志向，令他们对未来充满了希望，期望在新中国的教学园地里，开出灿烂的花朵。然而，当恩恩爱爱的日子还没有来得及谱成乐章，雄心壮志如鹰待翔的时候，一场运动改变了命运。

不平和艰难，可以摧毁人的意志和改变人的生活道路，但也可以令人在清醒后无惧无畏！当年选择哲学是为了寻找真理，探讨人生意义，当真理和意义被扭曲和禁锢时，文质彬彬的汤一介竟然不顾个人安危，四处奔波，找领导说理，要求释放无罪的妻子。

　　回忆这段日子时，汤教授曾经惋惜地说："我们曾经将分离时彼此往来的书信，埋在附近的葡萄架下，但事后再也找不到了。"我想，那一定是对爱情、自由和真理无限企盼的可歌可泣的诗章。虽然它们永远地丢失了，但其精神却永远地系在历史的故事里。

　　以今天的话说，厄运并没有令乐教授沉沦，或改变了她当年的志向，反而造就了她，使她日后更加爱惜时间、珍惜生命，成为知识精英和女性的榜样。而汤教授当年为乐黛云坚持己见、四处奔波，不仅仅是为了替妻子洗雪冤情，更重要的是坚持真理。此外，我们还可以从汤教授对爱情婚姻家庭的赤诚态度，了解到他的宗教情怀，这就是——无论身处何境，不随波逐流、同流合污，守住良知和德行。

　　这也是难能可贵的情愫！

2004 年冬写于欧洲

1996年秋汤一介、乐黛云教授于荷兰莱顿大学讲课，假日摄于荷兰海牙渔人海畔

【北京社科名家文库】

反本开新

汤一介 著

BEIJING SHEKE MINGJIA WENKU

汤一介自选集

首都师范大学出版社

辛勤笔耕五十年

——记香港作家李辉英

李辉英先生是知名的作家，寓居香港三十五年，坚持写作已逾五十年。1911年，他出生于吉林省永吉县大金家屯，后毕业于上海中国公学大学部中国文学系。九一八事变前后，出现了东北作家群，李辉英先生就是其中一个，同时期的作家还有萧军、萧红、黑丁、白朗、罗烽、端木蕻良等人，他们为了抗日，流亡关内。

在1933年到1949年这段时间，李先生在上海的《北斗月刊》《中流》《芒种》《小说月刊》《新中华半月刊》《立报》《大晚报》及《光明半月刊》等报刊发表了许多短篇小说，已出版的有：《丰年》《人间集》《山河集》《北方集》《火花》《夜袭》。还有长篇小说：《万宝山》《东北的烽火》《松花江上》《复恋的花果》《雾都》，散文集：《再生集》《山谷野店》，报告文学：《北运河上》《军民之间》。这些作品不卖弄文采，取材广泛，风格雍容俊逸，善论事理，重描写，有一定的影响力。

1950年李先生到香港。开始由于人地生疏，加之语言的隔阂，一时无法谋求职业。后通过文友介绍，继续写作生涯。正如他曾在一部集中的序文中写道："重作冯妇之后，我的写作范围逐渐扩大，一方面对于当前的陌生地方，接触多了，彼此之间，慢慢增加了认识，另方面我也获得不少素材……竟然有了发表连载小说的机会。"

李先生一面写作，一面从事教育工作，先后任教于香港大学东方语文学系和香港中文大学语文系。在香港先后以林山、李既临、梁晋、梁中建、叶知秋、鲁琳、萧平、李君宝、林莽、季林等笔名发表过短篇小说集：《牢狗的太太》《茜薇小姐》《名流》，中篇小说：《追求》《没有温暖的春天》《枯树逢春》《冬天的故事》《乡村牧歌》《团聚》《海角天涯》，长篇小说：《苦果》《四姐妹》《前方》《人间》，散文集：《中国游踪》《中国六大名都》《我们的东北》《中国名城游记》《李辉英散文选》《乡土集》《三言两语》，评论：《写作漫谈》《你写信吗？》《恋爱可以谈》《怎样写应用文》《中国新文学二十年》《中国作家剪影》《作家的生活》《新诗作法》《小说作法十讲》《中国小说史》《星马记行》《中国现代文学史》等。

李辉英认为香港是个极为复杂的地方，有取之不尽、用之不竭的题材，他说："一个写作者，面对有生的余年，除了勤劳工作外，就算力不从心，也比半途而废的强，我已经尽了心，不想白白虚掷了宝贵的时间，吃后悔药。"从这些出自肺腑的言语里，可见李先生严肃、热情、坚强、勤奋的精神。

初冬的一个下午，阳光和煦，在香港天后庙道李先生的寓所里，我拜谒了这位和蔼中带肃穆、沉默中对人生有所彻悟的老人。

李先生身材魁梧，是地道的东北人形象，只是得了帕金森症后，手部常发抖，行路不便，谈吐吃力。著名作家巴金于1984年10月在香港与李先生见面时，曾幽默地说："我们同病相怜。"两人交换了治疗帕金森症的经验。

李先生自1976年得了帕金森症以来，仍然坚持写作。只是颇感困难，他与香港文艺界的人来往不多，与内地作家来往更少。他希望内地的作家应和香港的作家多联系，多进行文学作品的交流，认为香港的文学作品若在内地发行，是会有销路的。

当我提及目前出现的武侠小说、科幻小说为什么比较受读者欢迎时，他说："这些作品，别出心裁，但不应该沿着这方面发展，文学作品是以反映生活、反映时代精神为主的……"他表示目前各方面的形势都很好，文学也要跟上时代的发展。他希望有人推动一下文学的高潮，并相信有人已开始在做了。

李先生的住宅名琼峰园，宽敞而幽静。李先生的贤内助张周女士解释说：在香港"爬格子"的生活是很艰苦的，这层一千四百平方尺的住房，是李先生在大学任教时分期付款买下的。

李辉英先生经历了战争的离乱，飘流到香港，饱尝了甜酸苦辣，又有五十年的文学创作经验，对于人生、生活、世界和文学创作，他应该有许多话说，但在是次的会见和交谈中，他常常沉默不语，我从他那深锁的浓眉里，意识到他内心有一种难言的抑郁，大概是：作家的最大快乐是紧握笔杆子，永远写作，直到生命的结束；作家的最大安慰是拥有广大的读者群。正如他在一部集子的序言中写道："我愿意为'老当益壮'的说法而欢呼，且以此自勉，希望对人类社会能有哪怕是一点一滴的贡献也好……我老了！我愿意在这空间里衷心地握紧笔管，老当益壮地写下去，写下去……"

1984 年 12 月

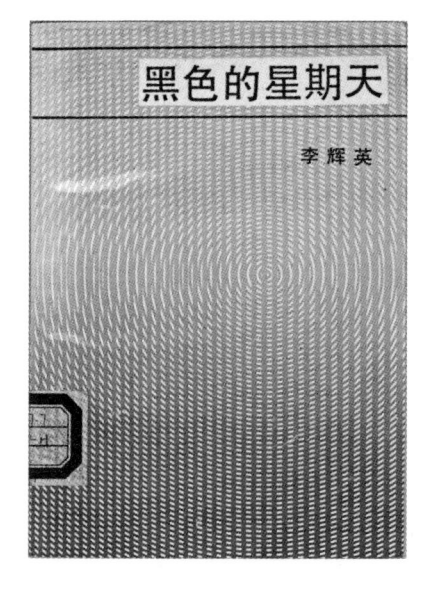

林梅小姐教正

李輝英敬贈

八〇、十二、七。

黑色的星期天

李輝英

路通向彩虹出现的天边

——记星洲文坛老将李汝琳

接到李汝琳先生的电话,是在新加坡晶殿酒店的一个夜晚,他说刚刚收到我寄出的友人介绍信。他语调平和,言谈亲切,仿佛我们早已相识。这使我意识到,共同的爱好、追求,像一条无形的纽带,跨越了时间、地点,将我们联系在一起。

翌日傍晚,他与师母和我相见于新加坡高尔夫球场的俱乐部休息处。初春,夜色溟蒙,休息厅显得格外静寂、雅致、宽敞。

我们没有刻意地准备谈话的内容,一切出自自然、真挚。

他身着白色上衣,咖啡色长裤,鼻梁架着棕色镜框眼镜,精神饱满,谈锋甚健。

李汝琳原名李宏贲,1914年出生于中国河南省,现为新加坡公民。他曾以李极光、李霖、李曼丹、司徒克、李延辉、丁宜等笔名在海内外报刊发表文章,是新加坡文坛的一员老将。

李汝琳出身书香门第,其高祖、曾祖、祖父都有诗集行世,家中藏书甚丰,他五岁丧母,在祖母抚养下开始识字吟诗,继入私塾读四书、左传》、《古文观止》等,为日后走上创作道路打下了良好的基础。

他的处女作，是初中三年级写的新诗《哭祖母》，初露才华，开始了他的新诗创作。当他还在北京攻读大学时，就已出版了第一本诗集。

大学最后两年，受李辉英、田涛、王西彦等人的影响，开始了小说的创作。

"你为何喜欢文学创作？"我一面搅动着李师母让我品尝的马来西亚玫瑰露，一面问道。

"我在1936年就是北京作家协会的会员了，写作除了是我的爱好外，主要还是想通过作品反映社会现实。"李先生吸着香烟说。一会儿，若有所思地陈述：那时，虽风华正茂，但国事频仍，多么令人难忘啊！他怀念他的老师曹靖华、孔席珍、黎锦明、苏金伞，他珍惜与他一道从文的朋友，与内地的老作家王西彦、师陀、田涛、杜运燮等保持书信往来。他没有忘记1937年夏天，正当他获得文学学士学位毕业时，抗战爆发，他满腔热血加入民先队，以激昂愤慨之情写下许多抗日战争题材的感人的诗和剧本，后来又与胡采等人合编大西北的文艺杂志《西线文艺》月刊。

因为过去的这一段经历，他曾被剥夺了新加坡公民权，三年后恢复了公民权，在师范学院任讲师。对于这一段旧事，李汝琳并不感到惋惜。他说自己崇拜鲁迅，受老师的影响很深，所以"风风雨雨可尽兴描画，万里长空可展翅飞翔"。

是的，人的一生道路可能曲折，但意志不可以屈服，正如李先生的诗句："尽管路途是那么的遥远，总会走到彩虹出现的天边"。李汝琳一生的道路，正说明了他是在艰困中追求光明的强者。1944年9月，他受聘到印度的加尔各答，主编《中国周报》和《中国日报》的文艺副刊。直至《中国日报》被炸停刊，他才离开印度，于1947年12月来到新加坡。

从1947年到1973年的二十多年岁月中，李先生曾担任师范学院高级讲师、中文系主任，又在南洋大学任教，还发表不少作品。

马华文学运动，主要靠中国南来的作家大力推动，数十年来，他们在恶劣的环境中辛勤写作，不怕贫穷、冷漠、歧视。李先生到新加坡时，正逢新加坡的文坛运动从高峰向下落的时候。这时，李先生意识到马华地区，除了南下作家外，本地也有不少两袖清风、生活艰苦从事文化事业的作者。他们的著作，是马华历史的见证和社会现实的缩影，然作品散落四处，还没有人有系统、有计划地编辑起来。于是，李先生决定以巴金当年为文化生活出版社编丛书为榜样，将马华文坛多年的成果编辑成丛书。

1958年至1961年期间，李先生为新加坡青年书局主编了三套丛书：第一套是《新马文艺丛书》，收集新马三十多位知名作者的作品，计有三十六种，分为三集出版；第二套是《南方文丛》，包括七部长篇小说、一部多幕剧集、四部散文集，每部都在二十万字以上，作者都是新马最有成就的作家；第三套是《新马戏剧丛书》，包括六部戏剧。以上丛书代表了新马文坛40年代到60年代的创作成就。

李先生在文坛的园地里，是个辛勤的耕耘者，除了编辑文学丛书外，还发表了大量的作品，计有诗集：《惜昨集》《再生集》《叩门》《金与沙》；散文集：《艰险的行程》《宵夜集》；小说集：《梅》《姐妹俩》《新贵》《漂浮》及《李汝琳中篇小说集》和长篇小说《漩涡》。

不论李先生笔下写的是什么题材，其作品均体现了中国北方作家笔下的特色：粗犷、真实、朴素。

新加坡文艺界评价他的诗含蓄、流畅、简洁、富有感染力。

他的散文内容繁多，但不是无病呻吟，而是充满激情，鼓舞人心。在《艰险的行程》文集中，有反映大时代中人们艰难奋斗的实况，有抗战时期离乡背井的悲欢离合故事。从这些作品里，读者可以看到作者笔下的人物、背景和山水，同时意识到作者的情感和追求。

他的小说反映了社会的现实，其笔下人物有穷教师、舞女、教育工作者等，也有工头、商人及卑鄙龌龊的知识分子。李先生不但重视选材，在创作技巧上，也力求创新。例如小说，表面上像实录，实际上有所发掘，令人深思。

有人说对马华文艺有贡献的南来作家，除了郁达夫之外，就算李先生了。这话是中肯的。

一如开始的愿望，我们的交谈随意、自然。窗外的球场，在朦胧的灯光下，绿茵茵的草地更显得恬静、幽雅。李先生谈到他的过去、创作、经历，又谈到他的近况。李师母也像我一样，沉醉于他的叙述里。

他告诉我，他有三个儿子、一个女儿，都学有所成，有博士、硕士，有大学教师、律师、工程师，却无一学文学。他于1973年退休后，才有真正属于自己的时间。其间曾以新加坡写作人协会会务顾问的身份到内地访问，为有机会见到老朋友而感到高兴。

认识李先生的人都知道，他退休后以读书写作为乐，近年除为新、马、港等地报刊写稿、出席文艺研讨会外，还在写一部抗战题材的长篇小说。他是那样沉迷于自己的事业，以至生活规律也是奇特的：李师母告诉我，他每天晚上看书、写作到凌晨四时，如果谁想和他通电话，这个时候恰好。而睡眠时间是四时到中午十二时。人说："老骥伏枥，志在千里。"是啊！理想与年龄是没有关系的，理想使生命之树常青，理想使李先生的晚年不但过得充实，而且更有意义。

1986 年 7 月

1986年春于新加坡高尔夫球场俱乐部采访李汝琳先生（右）。左为李汝琳夫人，中为作者

林湄：

　　四、五月间常收到有关我的访问原稿，我想香港报刊了解不会额意发表新加坡作者的访问记，恐怕你是白费气力。也找没有闲暇写信谈这件了。不料寄其来了剪报，竟有四份报纸刊素了，是世界上报纸都气你的神通。

　　你给我的大作剪报我都看了，也看到报载发表你的小说，你是有才华的，可惜不能集中精神写小说，不以应付工作。

　　我这多些写日报笔，消费了不大精力，现主把小说以外的诗、散文、剧本汇成一本《李此琳创作集》，计20万字（大32开，345页），诸样已征看过，约于十一月出版。现已下定决心除小说外不作一字，这本《创作集》就是把小说以外的东西做个结束。马来西亚写作人协会的《写作人》季刊，和此地的《赤道风》季刊，都约定如期写一篇小说，不写别的东西了。

　　我现在又有点忙，你在我的《生活和写作》中会看到我曾为此地一家书局编选三套文艺丛书，其中一套《新马文艺丛书》，也就已信出了三套（出第十二本出），现在又要继续出第四套，收到的书稿有廿多部，要从其中选出十二本出，这就忙起书了。此外又编一套《新华文学选集》，是大型的丛书，选本四十万字。三联书店有意把这套书局联合出版，正在洽商中，尚没有动手编选。

　　广东省社会科学院文学研究所要给我编选一本《选集》和《小说选》，由漓江出版社出版。文学研究所一位黄女士（文学硕士）在生研究我的作品，要写一篇论文（李此琳论），就让我的《选集》出，要我供给资料，又多一种琐事。所以拖延到现在才有给你写信。

　　《中国现代文学史》早已买上，收到了没看。三联书店有一部《中国现代小说史》（上下二册，参考本），是要买看之，写小说的，这部比比《现代文学史》更重要。

　　寄上一篇复印件，请参考。还有关于"现代"女作家的资料，以后就是"当代"女作家由天下了，你也会入中之一。

　　写访稿如出版集后要取访我的一篇，请告诉我，我也会给你一些补充资料。并提写成的一篇推敲一下。

　　写小说的此比写报载文章更有意义，且艺术成就方面有一篇，布望你从速动手写长篇，祝你成功。我也要在此把我写了半部的任务写完。今年要除上述四种书外写些短篇。

　　不久广东将出版一本《新作家十五人集》（约40万字），其中选了我一个中篇。此书将会发行到香港，我收到样书，今写信告诉你。

　　你寄给我小说剪报，据我发表你的小说，也复印了，我的收集至一起。

　　此祝
愉快！

　　　　　　　　　　　　　　　　　　　　　　　李此琳 九、廿二

李汝琳的生活和著作

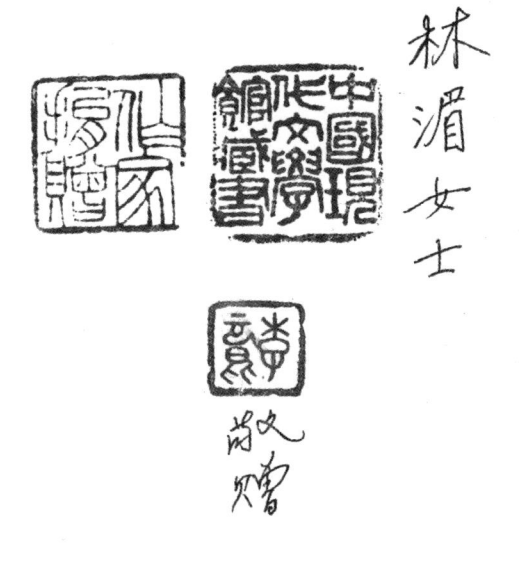

林湄女士

敬赠

怀庐书屋出版

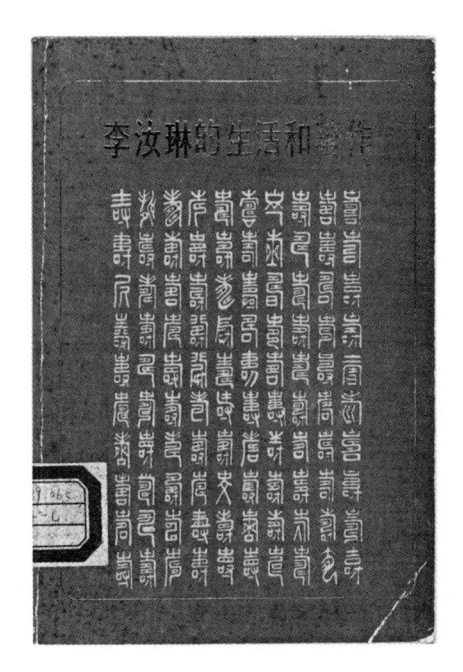

诗名书艺撼新马
——访新马书法家、诗人潘受

潘受先生是新马书坛颇受推崇的书法家。在他那占地一万五千平方尺的单式别墅里，到处都有珍贵的墨宝，大堂上挂有潘先生写给儿子的对联："座右一铭欲求常乐先知足，世间万事贵在推陈鲜出新。"客厅、书房、睡房的壁上，还有名家刘海粟、丰子恺、章士钊等人赠送的诗、画。此外，桌上、书架摆满有关书法、绘画、诗词的书籍，加之围墙内的花草，使人感到这是一位艺术家的幸福居地。这里，没有都市的戾气、紧张、繁嚣；这里，令人领受艺术的典雅、高贵，还让人淡泊世事，陶冶情操。

拜访他时，潘先生正聚精会神地坐在写字台前悬腕挥毫，笔走中锋，随心所欲，飘逸挺动，不能不惊诧他书法功力的精湛。

潘受原名国渠，字虚之，1911 年出生于福建南安县，父亲是闽北秀才，祖父是茶商，青年时毕业于泉州培元中学，后举家迁居新加坡，二十岁担任《叻报》编辑和中小学校长。1931 年到 1932 年曾回国居住，因战事爆发又回到新加坡。1940 年受南侨总会邀请，率领南洋各地慰劳团到中国后方观察战事，数月后回到新加坡，适逢南洋大学创办，潘先生出任南大秘书长。1960 年年初离开南洋大学后,便息影家园,以诗书自娱,他的墨宝流传广远,遍及世界各国。在1985年的巴黎国际艺术常年美展上,荣获书法金奖章,为新马书坛增色添辉。

潘先生的书法有今日的造诣,既是意料之外,也是情理之中。他说:"我在泉州求学时期,受老师影响而喜欢书法,根本没有想到将来要成为书法家。"他因爱好而勤书,因勤书而出类拔萃,这是符合自然规律的。

潘先生学书法,是先从临摹历代著名碑帖着手的。北碑、南帖、石鼓、钟鼎文,无不临摹。在众多流派中,潘先生对唐颜鲁公的《争座位帖》最为服膺,他还系统地研究颜体著名书家的名作,如刘石庵、钱南园、何子贞、翁松禅等,取长于颜鲁公的书法结体和刘、钱、何、翁的用笔,结合于自己的书写。

在颜体的嫡传中,潘先生的风格与何子贞相近,两人均偏重写《争座位帖》及回腕中锋,一波三折。潘先生书法与何子贞相似处,又有自己的行书特点。诚如袁枚说:"不学古人,法无一可;完似古人,何处著我。"潘先生的字潇洒自如,力透纸背,活泼而有神采,含蓄中有法度,有骨力,行文疏密得体,大小有致,字体圆厚,却具隶篆味,书笔气势非凡,却看不出蘸墨和落笔的痕迹。

潘先生说:"以前的书法家,功夫在画外、书外、诗外,其实,诗、画、字均来源于生活。"潘先生的书法不但具有挥洒尽情的书卷味,而且有浓厚的生活气息,这是潘先生书法的另一特点。

书法能反映人的性情,性情与学识分不开。潘先生的书法内容丰富,由于他喜欢写旧诗词,所以无意中在书体里流露出他的学养,或借书法寄托自己的情怀。

目前,潘先生的墨迹有《潘受行书南国诗册》《海粟大师山水小景》《潘受近书三迹》。日本关西书坛名宿村上三岳先生说:"今日潘受的字,已完全自具面目,看不出是从哪家来。"足见,潘先生书法过人之处。

潘先生的书法造诣早已享誉书坛,但了解潘先生的人均知道,他是先诗而后书的。他在诗词方面用的功夫不少于书法,早在年轻时期,他就喜欢写诗,从中国到新加坡几十年间,从没有间断过。他的诗多是七言绝句、七言律诗、五言绝句、五言律诗,内容广泛,有描写紫金山梅花、太湖神庙、黄浦滩头、苏州虎口、鼓浪屿和华山的山水抒情,有凭吊李白、杜甫、陆游、王安石、郑成功、李清照等的感慨唏嘘,有与傅抱石、徐悲鸿、齐白石、梅兰芳、陈嘉庚、钱锺书等人的唱和题赠。他的诗词,无论是托物寄情、怀古伤今,还是抒发情感、酬唱之作,均注重严谨的格律,用典确切,情趣古雅。读者还能从这些纵横跌宕、文辞豪放、恬淡隽永的诗作中领略到作者忧国忧民,憎恨假、恶、丑,崇尚真、善、美的美好情愫。

1970年,南洋大学中国语文学会醵资刊印潘先生的《海外庐诗》集,辑录了潘先生1937年到1966年的诗作。中国著名学者钱锺书曾对该集评云:"呫词直追定庵。南园诸篇与黄公度、邱沧海把臂入林。书迹古媚馨逸,融篆隶入行草,安吴、南海见之,当艺舟共载也。"刘海粟也称赞潘先生的书法和诗词,道:"书法之精,诗笔之美,并世所罕见。"

1986年6月

1986年3月于新加坡潘受寓所采访。中为潘受先生,左为潘受夫人,右为作者

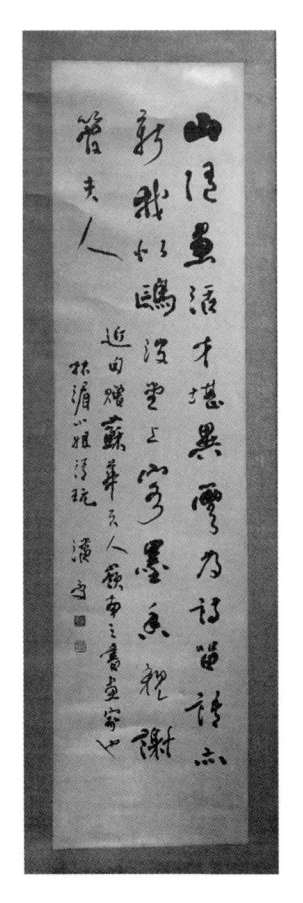

采访结束后数天,潘受托新加坡周颖南先生将此作品送给林湄

东方艺坛的狮子
——访国画大师刘海粟

刘海粟,中国一代绘画大师,早在半个世纪前,他就被外国人尊称为"东方艺坛的狮子",中国人称他为"国宝"。

"渺沧海之一粟"(苏轼《前赤壁赋》),海粟之名,出典于此。确实,他的思想、襟怀、画艺,如沧海宽广深邃。

是次海粟大师访法归来,经港小住,我有幸两次访问他。他体格魁梧,气色颇佳,发眉齐霜,一派长者风范。和他交谈,是一种艺术享受。他那些警句式的语言"生命有限,学问无止境""品格好、修养好、学问好,才能成为艺术家"给了我很大的教益,令我惊异的是,他已九十高龄了,仍然耳聪目明,思想清晰,记忆力很好,滔滔不绝畅谈两个小时而无倦意。

在我的印象中,老人酷爱梅花,咏梅的画作、诗作颇多,所以第一次访问他的时候,谈话从梅花开始。原来,他的居所庭院里有棵家传的梅树,枝干劲健,冬季迎着冷雪盛开的艳红花朵,深深地吸引了他,从此与梅结缘。

他说:"我喜欢梅花,常画梅、咏梅,因为梅花经得起风霜雨雪的吹打。前几天,在香格里拉酒店为新加坡来弗尔中心作画题诗中，又是梅花。"说完，他与夫人取出一幅画卷，那是一幅长二十一尺、宽六尺的巨制，打开一看，果然笔力雄健，气韵非凡。他喜欢梅花，是以梅花傲雪凌霜的风骨自勉，这在他不平凡的人生路上也得以印证。

更没想到的是，老人知道我的名字后，立即取出一张大宣纸，即场为我题了一首《咏梅》的诗。他是那样和善可亲，那样善解人意。令我高兴又感激，但也有所顾虑，因为约见前，他说只给我半小时的见面时间，此时，话匣刚打开，他就为我题诗了，莫非以为我是来索字的？

我看看表，时候不早了，连忙说自己将"梅"字改掉了，因为它受伤太多又无雨滋润，快要枯死了，所以，将"木"种在"在水之湄"，待以存活。他听了颇觉好奇，答应我另约时间畅谈。说："刚刚到达香港，受时差影响……"

两星期后的一个傍晚，我再次来到海粟大师的住处。他和夫人夏伊乔正在吃晚饭，三菜一汤，饭菜普通，营养价值却不低。

饭后，老人坐在沙发上天南地北地谈开了，谈艺术、诗词、生活、人生，也谈到他的罗曼史。

我仔细地听，忙碌地记录着……

事后，当我执笔写访问记时，却感到无从落墨了。"浪迹乾坤外，历沧桑，平生阅尽，陆离光怪。"（海翁八十七岁生日作《倚金缕曲》中句）。是啊，近一个世纪来，在人生舞台上，在艺术征途中，其经历确实丰富又多彩。他在中国画、油画、书法、诗词、美术史论诸方面都有较高深的造诣，除已出版的国画集、油画集之外，还有数种艺术论集问世，如《欧游随笔》《黄山谈艺录》《齐鲁谈艺录》《刘海粟诗词选》《刘海粟文艺论集》等等。他还是一位辛勤的艺术教育家，数十年来，忠心在画苑耕耘，桃李满天下。

自 20 世纪 30 年代开始，刘海粟就在国际画坛上为中国争得了荣誉。1930年，他的作品在比利时独立一百周年纪念国际美术展览会上，获国际荣誉奖，其作《卢森堡之雪》为法国政府购买，藏于亦特巴姆家美术馆。他还获得美国、意大利、英国、日本的多个奖项。近几年，他不断有新作品问世，多次受到外国政府官员的接见。

限于篇幅，这里只能摄取他生命历程中的一些重要片段，如反潮流、反封建。从这些基点去了解这位大师的生活、艺术、人格和爱情，应该是贴切的。

刘海粟，初名槃，字季芳，到上海之后改名。1896年3月16日出生在江苏常州一个封建的大家庭里。父亲刘家凤是常州刘家钱庄的总管。母亲洪淑仪是清代知名学者洪亮吉的孙女，精于诗文，育有子女九人，刘海粟最小。

对于小时候读书、学画的情况，海粟大师至今记忆犹新，原来，他幼时是个顽童，也是神童。他给我讲了以下几个故事——

清初画坛出了六大名家，其中一位叫恽寿平，是常州人。因此，常州民间渐渐形成了一种习俗，即小孩在吃饭前必须在纸上画画。海粟自幼喜欢画画，和这种习俗大有关系。

刘家有个画坊，名"静远堂"，他幼时和哥哥、姐姐、表兄妹，还有堂房的叔叔、姑姑共三十多人一起读书。他对《三字经》、四书五经兴趣不大，喜欢写字、画画。他画得又快又多，是随意而画的，所以常常遭老师指责，说他"乱涂、乱画"。（现在，他有一枚印章"海粟乱涂"，出典就在这里。）

后来，他入绳正书院继续深造，但顽性不改，竟燃放鞭炮轰老师，母亲只好代之请罪。有一次，学校开游艺会，他小小年纪，挥动大笔，书写了"逢源会委，勇智宏辩"八个大字，笔力刚劲，被人称为"神童"。

说起如何走上画坛，海粟大师有着不平凡的经历。

1909年，海粟十四岁时，慈母患肺病辞世，享年五十多岁。他悲痛万分，郁闷之中，想远走日本学画，父亲不答应。几经恳求，才准许他去上海，经人介绍，入"背景画传习所"。该所的主办人叫周湘。此事被做县官的叔叔刘骐知道了，认为只有哑巴、跛脚的人才去学画，对刘海粟横加责骂，说他没出息。刘海粟毫不屈服，据理反驳，指叔叔是"芝麻绿豆官"，学画之志不移。

刘海粟不但酷爱画画，还喜欢美术教育工作。1912年，他才十七岁，便与乌始光、张聿光等人在上海创立了近代中国第一所美术学校——上海图画美术院。他率先在教学中使用模特儿，立即遭到卫道者的谩骂，说他是"艺术叛徒，教育界的蟊贼""画妖"。大军阀孙传芳更对他大兴问罪之师，还下令通缉他。而刘海粟认为这是"艺术和礼教的冲突，也是一场尖锐的有趣味的反封建的斗争"（《从模特儿所起的反封建斗争》），便据理抗争，志不能夺，终于获胜。

当年，康有为、屠敬山等人接受了西方的文化思想，积极为旧中国寻求出路。年轻的刘海粟深受他们的影响，决意打开中国封闭的艺术大门，融会中西，学贯古今。1919年以后，他两次前往日本，两次游历欧洲。在法国、意大利、德国期间，一面研究外国大师的作品，一面向西方人传授中国绘画的理论，其中包括南齐画坛大师谢赫的最高理论——"六法论"。刘海粟的艺术成就在国外得到很高的评价，但在国内却遭某些人的冷眼。可他逆流而上，坚持创新。在八十多岁高龄时，还创造和发展了中国画泼墨和泼彩的新技法。他说："艺术享受就在苦中。"这个"苦"字，包含了多少的内容啊！

然而，命运有时可以由自己掌握，有时却由不得自己。傅雷先生五十多年前在《刘海粟论》中写道："他被误会了"，"但我决不因此为海粟感到悲哀，我只是为中华民族叹息。一个真实的天才——尤其是艺术的天才被误会，是民族落伍的征象。"

傅雷又写道："现在，我且不问中国要不要海粟这样一个艺术家，我只问中国要不要海粟这样一个人。"

许多年之后，傅雷的话不幸言中。海粟大师的生活道路也因此更加复杂曲折了。

1957年，他失去了华东艺术专科学校校长的职务，只好怀着惶惑和痛苦的心情，闭门作画。

……

历史是无情的，也是有情的。

刘海粟相信历史，在逆境中，他没有悲观，没有妥协，更没有趋炎附势。幼时，他就从母亲那里熟悉了司马迁、柳宗元、苏东坡等人的故事。刘海粟用他们的精神激励自己。

此时，刘海粟感慨地说："不少好人受不了侮辱，自杀了，傅雷夫妇就是如此。我没有垮，因为我心胸开阔，能随遇而安。我照诸葛亮的话做——淡泊明志，宁静致远。"因而，在逆境中，他以惊人的毅力坚持作画。白天不能画，晚上偷偷地画。"四人帮"垮台后，他拿出来的许多绢画，都是这个时候画的。

我问："你一生反潮流，不向恶势力低头，与你从小养成的性格有关系吧？"

老人意味深长地说："绘画理论中也有做人的理论。我刚才谈到'六法论'都和人的学问、品格、气质、修养分不开，离开这些不能成为艺术家。"

作为一个艺术家，刘海粟数十年来一直像在登山一样，从一个高峰攀上又一个高峰。我突然想到，他从1918年年初上黄山，到1982年九上黄山，从此壮举，可见其特立独行、毅力坚韧的个性。"黄山万古表中华，九度登临弄紫霞。架壑有松皆孔翠，凌霄无石不莲花。"这诗句，表现了他一向反潮流、反世俗，光明磊落的品德。

刘海粟在九十年的生活中,不懈追求真理,饱尝了艺术高峰的苦与乐。同样,他生命中极其重要的一部分内容——爱情,也充满了反叛精神和执着追求。

他一生中有过四段难忘的情史。刘海粟笑道:"这些事,很多人感兴趣。"这时,我觉察到他脸上掠过一阵难以言喻的笑容。想不到,九十老翁,谈到爱情浪漫史,心境也是年轻的。

刘海粟的初恋情人是他的表妹杨韫玉,那是早年在"静远堂"读书时的事了。那时,男女都不太敢讲话,然而,这位文静多情的表妹,对他总是含情脉脉的,刘海粟对她也有好感。刘海粟十六岁的时候,就恳求八姐向父母求情——将来娶表妹为妻。但算命先生说他们八字相克,于是,父亲不准这门亲事,强迫他和丹阳富家小姐林玉珍成亲。

结婚那天,场面热闹隆重,但刘海粟心中痛苦,也不向长辈叩拜。叔叔刘家骐大骂他"叛逆"。新房红烛灿灿,摆满了嫁妆。闹完洞房,曲终人散,但刘海粟就是不肯睡觉。陪嫁丫头来喜见状急得很,一再示意天快亮了,刘海粟就是不理睬。新娘见此情景,就把一串锁匙放入绣花荷包,递给新郎问:"是不是嫌嫁妆太少?"刘海粟退还荷包说:"这是你的。"说完就跑到父亲房里去睡了。父亲劝说无效,不久便同意他到上海去。

在上海,经乌始光介绍,他认识了宁波人张韵士小姐,不久二人同居。

说到同居,刘海粟老人说:"当时中国人没有同居的习惯,我又是反封建、反潮流了。"他们生了几个孩子(健在的有两个),其中一个原在联合国总部任职,现已退休。再过几天,儿子要从海外来香港看望他。七十岁的儿子与九十多岁的父亲相见,将是动人的情景。

张女士不幸早逝，刘海粟又和南艺美专的学生陈女士结合，时值抗战时期，两人因人生、政治观不同而于1942年离婚。他们育有一子一女。现在，陈女士和儿子均在香港，女儿在海外。回忆这段婚姻生活，刘海粟若有所思地说："这是一段只能共享福而不能共患难的爱情生活。"

真正与刘海粟同甘共苦生活的是现在的夏伊乔女士。说起来算是"天定良缘"。夏女士生于上海，幼时跟家人移居印尼，刘海粟是在雅加达与她相识的。其时刘海粟还没有与陈女士分手，夏小姐是跟他学中国书画的学生。

1942年夏天，夏伊乔同家人一起回到上海，这时，刘海粟已与陈女士离异了。共同的志趣，使他们终成眷属（于1943年年初结婚）。他们育有二男一女，现都在香港定居。夏女士在旁听了刘海粟大师的陈述，笑道："我跟他四十多年，只有这几年才好受些，'文化大革命'时他挨斗，我陪斗，还要调解他与红卫兵的争论。"

刘海粟闻言笑着说："我们是一对老鸳鸯。"

夏女士接着说："我没有做出什么伟事，只是保证他的健康，照料他的起居饮食，帮助料理杂务等。"

她的话听来朴实，实际上蕴藏着对刘老深厚的情感。

不知不觉，三个多小时过去了，收获甚丰。谈话结束时，夏女士立即拿出各式各样的月饼让我品尝。此时我才注意到，窗外，华灯初上，一轮圆月高悬深空，皎白又明亮，好像在向他俩问候和祝福！

1986年9月

附：刘海粟二十个印章的出典

绘画大师刘海粟纵横艺海七十余载，在这漫长岁月中，他绘画、题诗用过许多印章。我第三次拜访刘海粟时，专听他的印章来由。根据他的忆述，这里介绍他二十个印章的出典。从这些印章的取义，我们不难看出海粟大师作画的时代背景，以及他的情趣、品格、学养、磅礴的气势、豁达的胸襟。

海粟：原名槃，字季芳，1919年去上海后改用此名。典出宋代苏轼《前赤壁赋》："况吾与子渔樵于江渚之上，侣鱼虾而友麋鹿。驾一叶之扁舟，举匏樽以相属。寄蜉蝣于天地，渺沧海之一粟。哀吾生之须臾，羡长江之无穷。"

海翁：1921年在上海天马会举行画展，康有为前往参观，欣赏之时，连称作者为"翁"，他以为画家是个老头儿呢！当康有为见到二十五岁的刘海粟时，惊讶问道："你是刘海粟的儿子吗？"

艺术叛徒：1917年，上海美术专科学校举行学生习作展览会，陈列品中有人体素描，于是，上海女子学校校长对美专创办人之一的刘海粟进行了攻击，称他率先素描裸体模特，是"艺术叛徒，教育界的蟊贼"。还有上海买办朱宝山，也写信给刘海粟，说裸体模特儿是蛮夷之邦的玩意儿，有伤风化，劝他不要用。刘海粟回信，表示这是艺术，非用不可。后来，郭沫若因此书赠刘海粟诗一首："艺术叛徒胆量大，别开蹊径作奇画。落笔如翻扬子江，兴来往往欺造化。"

海粟乱涂：刘海粟幼时在家族办的"静远堂"读书，全班三十多位同学，其中有姑姑、哥哥、姐姐、表妹。老师教他们作画，别人都很认真，唯独刘海粟不满足于依样画葫芦，喜欢随意乱涂乱画，老师批评他："季芳画得最坏，乱涂、乱画。"

曾经沧海：刘海粟不仅游遍中国的名山大川，而且足迹遍世界。

年轻时代他就到过日本，并先后两次达数年之久作欧洲之游，到过德国、法国、英国、荷兰、瑞士等，开画展，讲学。直至近年，他九十高龄，仍远赴日本、法国。

清白传家：一生光明磊落，耿耿此心。

海粟欢喜：有时画完一幅画，自己很满意，欢喜非常，即兴题此名。

九上黄山绝顶人：从1918年一上黄山，到1982年九上黄山，为黄山的神、韵、气、质所倾倒。刘海粟说："我见过欧洲好多名山，没有比黄山更美丽的了。"他于壬戌重九，九上黄山，曾作《黄山颂》三首，其一有句云："黄山盘薄三千里，九度登临值重九。万顷碧嶂波涛连，千仞紫霄龙蛇走。"

海粟无恙：1957年反右运动期间，海粟被诬为右派分子，蒙冤十余载。1958年、1963年又两次中风。他开朗豁达，对人祸、疾病淡然视之，故刻小章以明志。

丘壑自娱："文化大革命"期间被关进牛棚。牛棚很小，而海粟胸中有丘壑。

武进刘氏：刘海粟祖籍安徽凤阳，明朝洪武年间迁居江苏常州。常州旧称武进。

笔歌墨舞：海粟八十岁以后常题此名，言其书画气韵生动。

黄山是我师：九登黄山，作《黄山颂》三首，第一首首句为："昔我师黄山，今作黄山友。"

心迹双清：坦白、清白。"文化大革命"中用此名，以示反侮辱。

美在斯：美术用语，言艺术美、心灵美。诗、书画皆如其人。

虎步西洋东海：1986年3月11日，海翁偕友人游漓江，恰逢八十七岁寿辰，遂作写生画一幅，上题《水调歌头》："万里扶摇去，一笑偶相逢。画友刘关周邓，落笔起飘风。老海平生汗漫，虎步西洋东海，妒杀米南宫。上下三千载，挥洒任纵横。从鸥约，添鹤算,未龙钟。笔歌色舞,要写胸次一轮红。剪取漓江青黛,妆点神州新貌,留待后人宗。绝巘我能上,谈笑明月峰。"

静远堂:刘海粟故里,楠木厅旁有个书坊,门上方悬一匾额,上书"静远堂",取自诸葛亮"淡泊以明志,宁静以致远"。

艺海堂:大书法家于右任称赞刘海粟的艺术如汪洋大海,气象万千。

存天戏海之楼:画室虽小,胸怀却大,可存天戏海,其志趣、情操,由是可见。

存天阁:原名盘盘阁,后康有为改为"存天阁",并题对联一副:"南浮江淮达闽越,前追董巨凌荆关。"(董即董源,巨即巨然,荆为荆浩,关为关仝,均是五代、北宋名画家)

1986年10月

于香港亚洲酒店采访刘海粟先生

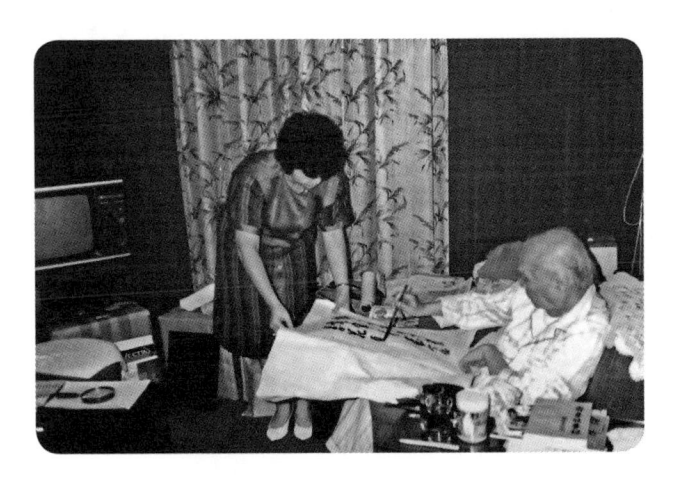

刘海粟即兴诗作"咏梅"赠予林湄

海粟
黄山谈艺录

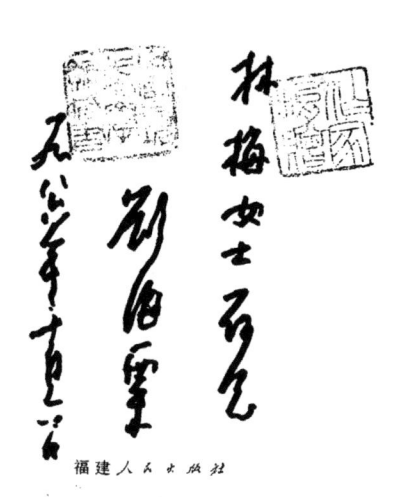

林湄女士正之

刘海粟

八六年十月于香港

福建人民出版社

林湄小姐

巅上红梅风击声,
奇峰出手气象偏。
黄花放日云中出,
移栽光天下春。

刘海粟
一九八七年十月二十日

折中中外　融合古今
——访岭南画派大师赵少昂

岭南画派大师赵少昂已经很久不露面了。这位早已驰名世界的画家，已经八十四岁高龄了，用他的话说："我的画大部分是我人生中期画的，现在要画晚期的，还有那么多学生，我要将画艺教给后代。"确实，他很忙，令我高兴的是，他在百忙中接受了我的访问。

4月末的一个上午，阳光灿烂，气温适中，九龙太子道旁的梧桐树叶在初夏的晨风中微微摇曳，我与香港水墨画家徐嘉炀先生一起来到赵少昂的寓所。这是一座普通的楼房，引人注目的是木门上镌有"岭南艺苑"四个字。进屋后，我方感到屋内书香气十足，篆刻竹艺，客厅的四壁挂着中国近代大师齐白石、高剑父、张大千、徐悲鸿等人赠送给赵老的画；厅堂里，赵老母亲的遗照上有一横幅，上写"梦萱堂"，是徐悲鸿于1941年10月初冬题写的。

赵老热情地和我握手，他中等身材，衣着朴素，架着一副黑边眼镜，稍有弓背，脸上长着许多老人斑，但身体仍很健朗，耳聪目明，谈吐清晰。他见我被四壁的画吸引住，忙带我们进入他的画屋，画屋不大，摆设朴素，只有一百多平方英尺，临窗处有一张大台，台上有各种画笔和砚盘，旁边堆满画卷。

在我的想象中，赵老一定老气横秋、冷峻高傲。采访前，我阅读过有关他的资料。早在30年代，他就在巴黎、伦敦、柏林、莫斯科和菲律宾、新加坡、马来西亚等开画展，又在中日联展、葡京个展、新西兰个展，及历届中国美展上获得最高荣誉，并获比利时万国博览会的金牌奖。40年代又在巴黎、瑞士、罗马和德国、印度、美国开画展，还在伦敦参加世界绘鸟、走兽名家画展，世界各地报刊、电台著评论述。他的作品已被世界各国博物馆、美术馆购藏。中国一代画师徐悲鸿对赵少昂作品的评论是"赵氏花鸟为中国第一人，当世无出其右"。

在香港，赵少昂更膺英国伊丽莎白二世女王荣颁MBE勋衔。

这样一位大画家，有点傲气也不奇怪啊，然而，我眼前的这位老人笑容可掬，热情和蔼，使我们的距离一下子拉近了。

我以不纯正的广东话问："你对中国画的发展看法如何？"

赵老点点头，即侃侃而谈："1953年，我在欧洲利兹大学（LEEDS）讲学，1960年又在美国哈佛大学、加州大学讲学，在欧美我开过二十多次画展，我觉得中国的艺术品价格太低了，英国名画家（TURNER）一幅画卖一千多万美元，荷兰名画家一幅画卖七百五十万美元，还有凡·高一幅画卖二亿多美元，而徐悲鸿画的马，一幅才卖六十万港元，合七八万美元。中国十亿人口才产生一个徐悲鸿啊！为什么会产生这种情况？一方面是由于外国人不了解中国艺术的优美，另一方面是中国不太重视艺术。"赵老越讲越兴奋，接着又用手比画着，他说政见不同，又逢战乱，自然无心重视艺术；同时，画家待遇低，没有后盾，假画又多，这些都影响了中国艺术的发展。

我从和他的交谈中觉察到他对中国艺术的热爱，以及作为一个艺术家的责任感，于是问道："你这么大年纪了，还在教学生画画？"

我还没说完，他就明白了我的话意，立即精神抖擞地说："我曾想过七十岁以后就不教了，可是，学生越来越多，若为了个人，我不会教画。我每开一次画展就有一笔可观的收入，但我要为中国培养人才，希望后代为中国艺术发扬光大。1953年，我在英国TATE的画廊里，看到藏有世界名画五万张，美、法、意、瑞、印度、日本，从中世纪到20世纪都有，唯独中国的没有，我作为中国画家心里很难受；现在的英国大英博物馆里，也只有顾恺之的一幅《女史箴图》，我就是有了以上的感触，才下决心教学生。我在外国讲学，中国画理论深，翻译不好不能引人入胜，现在亲自教学生，容易将理论融贯给学生。"

多么崇高而朴素的一席话，如果中国画是以气骨、境界取胜，那么，首先是来自作者胸中的气骨和境界。

我担心他累了，连忙递给他一杯茶。我想，他对中国画"受之于眼，游之于心，澄怀忘虑，物我冥会"的情怀，是与他的经历有关的。提到人生经历，老人感慨万千地拉着我的手，说他是广东番禺人，自小家贫，母亲每月劳动只能换取三元钱，他少时只读过三年私塾，因念母辛劳，才托志于画，十六岁跟从"岭南三杰"之一高奇峰学画。贫穷、自学、奋斗，正是如此艰辛而不平凡的经历，到了耄耋之年，赵老对事业和后辈，更持有一种超脱的至美至善的境界。

"岭南画与别的画有什么不同呢？"我问。

赵老立即接过我的笔，在我的笔记本上写道："折中中外，融会今古之外，注意写生，重视文艺思潮、诗词的境界。以远真善美境界。"须臾，他又向我解释说："中国画一笔过，便能得到形、神、质，三者俱备。"

这时，我的脑海展现出许多赵少昂的画：悠然自得的鱼，风雨飘零中的蝴蝶，惊叫的鸟，"居高声自远"的蝉，春草池塘的蛙，

"雄风藏草泽"的虎，孤高闲暇的鹤……这些禽兽，无论其飞、鸣、栖、游、止、伏之状、之神、之举、之态，无不栩栩如生，富有神韵，要不是作者平时观察细腻，实难出此作。

再想想他笔下的花，无论是"经雨泣残红"的牡丹、"梢头万点红"的梅花，还是浅水边的芦花，其花姿、色泽，无不生趣盎然、豪迈洒脱。

就是画山川的"烟波春水""晨光熹微""秋林飞瀑"，也使人感到或苍茫凄凉或意境幽寂或内蕴深厚的意境。

确切地说，他的画具备谢氏"六法论"里的气韵和骨法的最高准则，还因为受到了高奇峰"国画现代化"理论的影响，所以，其作品同时具有西洋画所重视的投影、透视、美学等画技。如是中西结合、融会贯通，建立了个人的艺术风格。

"你对其他画派的看法如何？"我从沉思中回到了现实。

他仍然兴致勃勃，须臾，右手分别点按着左手的手指头说："中国有句老话叫古灵精怪，太古老了，就要灵，灵活了就要精，精到了就要怪，怪多了又复古，轮流转动。中国人多，有各种各样的流派是好现象，不能十亿人只重一派。还有，艺术与国界，应该互相沟通，西洋有好的地方，中国要吸取，外国也可吸取中国艺术的长处，互相交流，毕加索不就受中国敦煌艺术的影响吗？不要故步自封，各执己见。"

这时，他的学生陆续上课，我只好告辞了。回程的路上，他的话还萦绕在我的脑海中，他哪里像一个只学过三年私塾的老人，他的努力以及艺术的价值，又如何能以世俗的眼光去衡量呢？

1988 年 5 月

于香港赵少昂先生寓所采访

摄于赵少昂先生的画室

登临犹有沧桑感
历劫于今瞥眼间
云过无声疑塔动
欲从天际摘星还

一九五三年登巴黎铁塔口占
重书赠林湄女士雅正
少昂八十四岁

情系国宝默默耕耘

——访人民鉴赏家杨仁恺先生

初识杨仁恺先生是在1992年冬日的一个上午,那是莱茵河下游的马士河畔,天空蔚蓝,冷风习习,侨界黄先生说:"杨老这次到荷兰举办高其佩指画展,今天抽空和华人见面,我请他浏览一下世界名港鹿特丹。"我连忙向站在他身旁的杨仁恺先生表示欢迎,只见他身材适中,着件深灰色外套,戴一副眼镜,态度和蔼,一副知识分子的形象,宽厚的脸型和端正的五官令人想象他年轻时的英俊和朝气。此时,他已耄耋之年,所幸精神矍铄,言行依然敏捷,连那饱尝风霜的皱纹,似乎与一般人的生理衰老现象也有所不同,那是中国一代知识分子非凡命运的痕迹,蕴藏着无数难以解答的问号。

由于职业的关系,上了游览大船后,我们便谈论中国画的动态。真巧,这天游客不多,轮船上下大堂只有几个人,很快地,话题转到他的专业上,我问杨老中国画的价值为何不如外国画?他说:"西方艺术品价值凌驾中国艺术品之上,是中国长期经济落后、闭关自锁、缺乏中外交流的结果。虽然艺术没有国界,但国力不同,人家不承认你呀!此外与不同民族的审美观以及商人的炒作也有关系,凡·高的画就是日本人喜欢而炒作起来的。"

说到艺术的炒作问题，杨老认为是不正常的现象，"好的艺术任何时代都会被承认，只是，衣食足才知荣辱，中国长期处于贫穷状态，衣食问题都没有解决，哪顾得上艺术？"

当中国经济日渐好转时，杨老即为优秀的传统画宣传而奔走，尤其是一些被历史漠视的好作品，均给予肯定和呼吁，如清初指画大家高其佩，即利用指头、指甲藏墨功夫和手掌、手背正反点苔的辅助，构思出奇特的图景。其赋色简约，造型写意，富有韵味，是中国传统画坛上的一朵奇葩。然而在中国画史上，他的地位还不如"扬州八怪"。

"本末倒置"的现象古时有之，今时有之，将来也会有之！

好在有像杨老这样慧眼识英雄的后人，秉承公正，将遗失于时间长河里的精华，拾取到历史应有的地位上。

我们边谈边欣赏窗外的景致，蔚蓝的天空浮着几朵白云，一群灰色的鸽子在河上飞翔，中小型货船来来往往，将河水划成条条的花浪，近海的河口船桅摇荡，货柜箱整齐有序地排列在堤岸上……这时，黄先生突然叹息道："中国的博物馆实在太少了！"

杨老接着说："美国有教育部，但没有文化部。他们的博物馆百分之九十是私人或皇家收藏。想提高中国艺术品的价值，首先得重视人的素质，还得跟上时代的脚步。"

我担忧地说："现代科技渐渐介入艺术，电脑也可画画，高科技复制品能以假乱真。"杨老听了笑起来，他认为科技永远代替不了人工的字画，人们只有在人工字画里，才能意识和触及作者笔下的气韵、神韵和境界。至于假画，总会露出一些破绽，当然，这需要从认识论角度去鉴赏，经过比较、实践、研究得出结论，真的永远是真的……

四周安静，我们从国画命运谈到画坛轶事，又从画坛动向谈到国情、文情和乡情等话题，不知不觉，一个多小时过去了，游船靠岸后,杨老笑道:"这是我到荷兰最开心的一天。"

我理解他的意思,人与人相遇相识,贵在有共同的情趣和话语……

翌年,春暖花开的时候,我收到了杨老寄自中国的著作《国宝浮沉录》,翻阅这本花费三十多年时间、呕心沥血撰写的大著,思绪联翩,感慨万千!因为它同样命运多舛——"文化大革命"时难免侥幸,文稿和图籍被没收、查抄。1969年年底,杨老去地方插队,以"不还文稿不去插队落户"的抗议方式取回了文稿。在辽东山区劳动时,杨仁恺先生和夫人刘文秀利用两年多的工余时间,对文稿进行了查抄、补充、修改,使文稿得以完善。

《国宝浮沉录》不像小说可凭作者想象、虚构而完稿,它是杨老数十年博物馆工作的见闻和考略记录。在这里,可以了解到"数千年历史,改朝换代中文物典籍屡遭浩劫,对悠久的传统文化带来无法弥补的损失"。如末代皇帝爱新觉罗·溥仪逊位时从故宫带出历代书法名画千余件,国宝随着伪满政权的瓦解流散到全球……

1952年春天,在东北文化部工作的杨仁恺先生虽然受命赴长春清理伪满皇宫流散的文物,却因历史上改朝换代时对文物没有详细的记载(如北洋政府记载的《故宫已佚书画目》竟然漏记百余件之多),令后人的研究工作倍感困难。尽管刻苦努力,收效依然甚微。

"本乎还我历史之义",他想出了一个办法,以"与当事人接触为经,以作品历史艺术分析为纬",孜孜不倦,跑遍东北华北地区,从当事人及民间收集散佚书画数百件。用他的话说:"像寻找失落的孩子一样,寻回散失的国宝";"每发现一国宝时,精神上得到的慰藉,比任何物质上的享受要高出不知多少倍"。

有书评家道:"自西晋以来史籍的鉴定家不过两百人左右,但留下的史实著作并不多,所以,这是一部集中国古代书画鉴定学、古代书画艺术史论、历史文献考证、书画艺术作品比较研究为一体的巨作，填补了中国书画著录鉴定史学的空白。"

在这本大著里，不难看出，迈向成功的台阶，不在乎学历的高低，而是取决于对理想事业的真诚和锲而不舍的精神，杨仁恺先生就是一个例子：幼年丧父，家道中落，勉强就读旧制高中理科，辍学后靠自学实践，名家指教，看实物、自己琢磨等方法，一步一个脚印走过来……如 30 年代在重庆，在王国维的学生卫聚贤创办的《说文月刊》工作时，接触和拜访许多翰墨名家（如郭沫若、谢无量、沈尹默、徐悲鸿、潘天寿、张大千、黄宾虹、黄君璧、傅抱石等人），有机会直接接触古代名作的真迹，或在北京琉璃厂结识店主、收藏家、知名书画家时，均不忘求师治学、谈经释论，读解、考证……正是这种心无旁骛的精神，才能于 1951 年发现北宋张择端《清明上河图》真迹。（宋人孟元老撰《东京梦华录》，记述画中水东门外七里的虹桥是木结构大桥，而苏州片子则都以石桥入画。张择端画中的轿舆、酒楼、店舍、屋宇、车马等均与《东京梦华录》的记述相印证。）

经他考证的还有《簪花仕女图》（唐·周昉）、《聊斋志异》原稿，更难得的是曾有一青年携带一团碎纸向荣宝斋出售，荣宝斋请杨仁恺先生鉴定，从中他寻回北宋米芾、苏轼、李公麟等名作真迹。源于对文物的热爱和负责，还对破损的古代法书名画做了拾遗补阙的工作，并先后协办许多地方的文史学术会议、文博学会和书法展览等，对中国文史的回归做出了重大的贡献。此外，杨先生工作之余著作等身，先后出版的书籍尚有《〈聊斋志异〉原稿研究》《沐雨楼书画论稿》《沐雨楼文集》《中国书画鉴定学稿》《高其佩传》等近十部，并主编图册《中国美术全集——隋唐书法卷》《宋元明清丝绣图录》等二十余种，同时参与了由五人书画鉴定小组编辑的《中国古代书画图录》文字目录十卷、图版二十四卷。

抚书而思，对于他一生敬业乐业、强烈的社会责任感，以及对中华古文物的捍卫精神，除了敬佩敬仰外，渴望有机会能再次见面，可是，谈何容易呢？西欧—沈阳，千山万水！加上彼此都很忙碌，渐渐地，连音讯也没有了……

然而，万事皆缘，何况"偶然"和"必然"本来就是相辅相成的，终于，神奇的"缘分"让我们在十二年后的8月26日重逢了。这次是在北京的辽宁饭店517室拜访了他。这时，杨老已九十高龄了，幸吉人天相，虽然精力步行不如往常，身体也清瘦了些，但脑子、耳目依然清晰，谈吐自如。

最有趣的还是鉴定书画真假的问题。杨老说："鉴别真假至为重要，经验固然可贵，若进入歧途便落入旋涡，将违反哲学的认识论和实践论。现代文物鉴定工作还是缺少专家，糟的是有些人自封专家，对文物的真假鉴定造成很大的影响。我虽然做了些工作，但不是百分之百，所以需要辩论。"这使我想起了50年代初他和权威人士关于"民族虚无"论、60年代和何其芳辩论《聊斋志异》原稿真伪的史实，以及后来对历史上有关"文人画"的种种辩论等，无不看出他谦虚和蔼性情中的独立思想和人格的魅力。

当我问及"现代艺术不如古代"的问题时，杨老说："因时代、民族、个性化的差异，自然产生不同的流派，如唐、宋、元、明时期，表现宫廷画里的各阶层人士的服装就不相同。现代人受急功近利、浮躁自大或这样那样的影响，自然不利于艺术的创作，像树一样，无根便没有了生命力。然而，无论什么流派，如何地发掘和发展至关重要；若是死路一条，最后还是会走回头……"

面对这位六十年如一日驰骋中国古代书画鉴定、书画史论研究、书画创作，热心文博工作的长者，我不禁问道："宋初著名鉴藏家苏易简，四代均是收藏家，当南唐后主李煜流亡被俘后，苏易简被派赴金陵收访书法名画千余卷有功时，得皇上赏赐名迹百余卷，您是否也收集了不少的名画呢？"

他正色地说："在这方面我是公私分明的，不做违背良心的事，凡私人送给我不提名的画，均送给博物馆。"可以想象，他"老老实实做事，清清白白做人"的座右铭是受师长品行影响的，如他曾写道："在重庆、北京亲聆徐先生教诲'有振聋发聩的教益'，从而纠正了自己'厚古'的思想，也认清过去的'左'倾观点，幡然醒悟，摆正航向，'知今是而昨非'……50年代初，张伯驹先生将数十年收藏品分两批捐送给北京故宫博物院时说'予所收蓄不必终予身，为予有，但使永存吾土，世传有绪'。他的高尚言行深深地打动了我，使我终生受用不尽。"

他的话，对于今天一切以"钱"以"私"为重的艺术工作者，不能不说是一种呼唤和鞭策！

只是，我还想问，今天的某些知识分子还有兴趣谈论"良知"和"德行"吗？可惜，时间不早了，我看看表，哦，杨老该休息了，临别时我衷心祝他健康，长生不老！只见他缓缓地起身道："一个人从生到死，时间有限，而年岁又有一定的时限，怎么能不催人奋进呢！我已是九十开外的人了，一切事看得很开，功名利禄视为过眼云烟，只是人生在世，不专是为了活下来，总要为社会做点有益的事，哪怕很细微的事也好。"

走出房门，我一面咀嚼着他的话，一面不由得回头一看，多么盼望后会有期。心想，杨仁恺先生对中国文博事业真诚不渝的精神以及对中华文物鉴定工作的贡献，是无法用许多荣誉和高职称来替代的，有价值的书传是不泯的。

是啊，他是"人民的鉴赏家"，这称号是这样纯朴，这样实至名归，又是这样灿烂和辉煌，像立在生命和时间大道上的一棵大树，尽管老迈，却永远青翠！

2005年9月

于北京辽宁酒店 517 室采访杨仁恺先生

数学皇冠的一颗明珠

——访数学天才陈景润

我的数学脑细胞天生迟钝,回想学生时代上数学课的厌倦感,心有余悸。然而在北京的日子,我却渴望专访中国现代有名的数学家——陈景润。这之前,我听说他沉默寡言,性格古怪,不拘小节,用过的袜子往床底塞,别人抱他的孩子要开借条……陈景润性格如此古怪,激发了我想专访的好奇心,自然,也想通过了解,学习他对事业的执着和不倦的探索精神。

陈景润与一般的名人一样,很怕记者,他曾为许多不确切的报道懊恼过,说他出国想偷跑被抓了回来;说他闹离婚,与女研究生有染等。我虽是他的乡亲,又是他的好友引荐,他仍问他的好友:"她可靠吗?"我想记者应有自己的职业道德,同时,人应该懂得尊重别人,才能得到别人的尊重。我对他的专访充满自信。

车子已驰进中关村,被誉为"科学城"的现代化建筑群错落有致地隐于杨树、槐树、榆树、桉树中。初冬的晨曦,中关村一片宁静,充满着生机盎然的绿意。只是周遭因挖地下水渠工程,泥土叠叠,黄尘滚滚,道路凹凸不平。几经查询,我们才在一座别致而崭新的大楼里找到陈景润的寓所。

这是一层四房一厅的现代套房,客厅摆设着沙发、桌子、书柜,与京华的高级知识分子家里相差无几(据说他是1983年9月才搬进来的,1983年前他仍住在二十平方米的小房里)。我正坐在沙发上观赏墙上的图画。这时陈景润的博士研究生张先生搀扶着他从房内出来。陈景润倾斜着身子,颤动着走过来。我连忙起身,扶他坐好。在北京期间,听说陈景润住中日友好医院的高干病房已数月了,医院每天配给他特殊营养的伙食。没有想到,他的身体会变得这样——他说,他得了帕金森症。

从外表看来,陈景润蛮健康的,中等身材,平顶头,一身深蓝色中山装,一副深度眼镜。看那朴素的装束,简直不像是一个举世闻名的数学家,倒像一个老实的中年工人。为消除他对我的介意,我一开口就说家乡话,果然,他快乐地笑了,笑得那么亲切、自然!

我很担心他的健康状况,他笑着说:"1983年年底,我挤车到友谊餐厅,准备开数学部委员大会时摔倒,在北京医院住了一个月,检查一切正常,但出院不久,就发现走路时只能走不能停的症状。1984年年初健康状况好转,有一次到外语学院买书,被自行车撞倒,头碰在地上。12月2日我入住中日友好医院,一直到春节前才出院,出院半个月又入院,直到1985年9月19日出院。"陈景润语调平平,像文章没有标点符号似的一口气说完了他的病情。在陈述病情的过程中,他对入院出院日期记得很牢,这也是数学天才的一个证明吧!

听他说完,我发了一些北京交通拥挤、骑单车的人不负责任的议论,想不到他反而替撞倒他的人开脱,说骑车的是建筑工人,为了赶去考试不小心撞倒了他的。他的善良由此可见一斑。

屈指一算,从1983年年底至1986年,陈景润的大部分时间是在医院里度过的,这对一个风华正茂的数学家是多么可惜啊!

陈景润承认自己跌倒后，说话、记忆、工作效率都有所影响，但没有影响脑子。他说："坏事变成好事，以前会议多，北京许多小学、中学叫我去演讲，一讲就是一天时间。现在不必外出，可以多些时间研究解释数论。"

这时坐在客厅的张博士说："陈景润在住院期间，也是以读书、钻研数学为乐。"张博士父亲是国民党团长，张博士于1978年报考微积分数学，是陈景润坚持叫他来的。

提起住院的日子，陈景润便想起了华罗庚教授。他说他住院时不知华罗庚出国讲学，后听说他去世，心里非常难过，当即写了一篇悼文。陈景润的心境是可以理解的，当年，要不是这位导师慧眼识英雄，陈景润还不知要走多少弯路，才能攀登今日的高峰。

世界上有许许多多成功的人与事，但在成功的背后，都有十分复杂的因素。陈景润的成功也包含了沧桑。

1953年秋，陈景润毕业于福建省的厦门大学数学系，被分配到北京的××中学当数学老师，从每天钻研书到一下子对着几十对锐利、机灵的眼睛讲课，他觉得好尴尬。加上环境改变，自己又不注意营养，积劳成疾，在任教一年期间住院六次，做了三次手术，无法被继续聘任，靠着厦门大学王亚南校长的赏识，才将他调回厦大图书馆，职务是管理员，实际上是让他专心致志研究数学（中国老一辈数学家熊庆来当时也是这样培养一个初中毕业自修生的，这个自修生就是后来举世闻名的华罗庚）。

良好的环境，自身的爱好，童年家境贫困，使他下定发奋成才的决心。他想：要使国家富强，必须搞科学，科学离不开数学，它可以解释太阳系、银河系和宇宙的秘密，解释原子、电子、粒子、层子的奥妙……

有谁了解，在他老实和善的外表下，有一颗高尚和美丽的心灵；有谁知道，为了信念，他废寝忘食，昼夜思考，画着数字、符号、引理、公式、推理的稿纸装了几麻袋。在攀登高峰中他得了肺结核，全身酸痛而在所不顾，为了数学，陈景润奉献出全部时间、精力与生命！

在图书馆的日子里，陈景润像一只离开沙漠的羔羊，回到了绿油油的草地，他如饥似渴地吮吸着营养：钻研华罗庚的"堆垒素数论""数论导引"，终于写出了"他利"问题的论文。他的才华得到华罗庚的赏识，华罗庚决意将陈景润调到中国科学院数学研究所当实习研究员。从此，陈景润的才华得以更好地发挥。1966年5月，陈景润在中国科学院的刊物《科学通报》第十七期宣布他的哥德巴赫猜想，写出长达二百多页的论文，填补了二百多年的哥德巴赫猜想证明的空白。

正当陈景润的事业如日中天的时候，"文化大革命"开始，满脑子数学符号的他，电灯线被拉断，不准看书……怎么办？他在马克思的著作里找到了答案："在科学上没有平坦的大道，只有不畏劳苦，沿着陡峭山路攀登的人，才有希望达到光辉的顶点。"他重新扎起油灯，将六平方米小屋的三面小窗糊上报纸，不让灯光外泄。没有桌子，就在床板上写。靠着图书馆研究员的支持借到一些参考书。在孤寂的小屋里，他阅读、思考、演算，常常忘了吃饭，随便找些食物充饥。

他忘记世界，忘记自己。1973年，他终于完成了研究问题的新证明。不能搞数学，他趁机偷看《毛泽东选集》，就这样，他利用了一切可以学习的机会，没有假日，没有休息，没有个人娱乐。短短的数年，他熟悉了四国文字，将整个生命投入攻克科学堡垒的战斗中。

回忆过往艰苦奋斗的日子，陈景润深有体会地说："天才只是极少数的因素，我的成功是靠拼，靠努力！"

我沉醉于他的陈述，分享他刻苦努力取得硕果后的快乐，并理解他对事业的执着追求和为事业献身的可贵精神,同时感到,在我面前坐着的不再是一个老实、沉默、性格古怪的形象,而是一位在平凡简朴的外形中包藏着一颗伟大而感人心灵的人。

对这颗心灵,应由有同样境界心灵的人们才能理解和意识它的全部内涵。我虽不懂什么素数、偶数、合数、奇数、素因子,我们的交谈也没有 dx 和 dy 等数学语言,但我们有着一种共同的感觉:人若有一种崇高的事业,并认定这种事业值得他赴汤蹈火、完全奉献时,他就会自觉地、在所不惜地去努力,并为之做出牺牲,付出代价。

我们的谈话令客厅充满肃穆感。这时,陈景润四岁的儿子骑着小单车在客厅来回转圈,他活泼、可爱、漂亮,丰泽的圆脸上闪烁着一对大而黑溜溜的眼睛。见到他的儿子,我便联想到这位数学家的许多爱情轶事。

我换了个话题,笑着说:"听说以前你想独身,却有很多女子追求你?"

陈景润将头靠在沙发上,闭起眼睛说:"我曾想过,最好不要结婚,我怕结婚影响我的研究工作。我确实收到了几麻袋的信、相片,也有不少女子打电话给我。"

"你怎么处理?"我笑出声来,没想到世上还有这么多多情而大胆的女子。

"我的办法就是躲、逃、不理!"说完陈景润也笑了。

"后来想通了?"

"不是我想通了,而是在中国不结婚是行不通的,比如不结婚不能配给房子,没有户口买不到鸡蛋,没有结婚的出国难,怕你出去不回来。还有许多烦恼事不断发生,如上街被不少女人围住,有的女人抱着孩子到政治部去,说那个孩子是与我生的。现在结了婚,有利也有弊。以前单身,饿了到食堂吃,或吃吃挂面了事。现在儿子整天吵着要吃苹果……"

孩子听到父亲说他，瞪大了眼睛望着陈景润。见他那么纯真可爱，我连忙起身抱他。陈景润并没有提出要什么借条，反而无奈地说："我爱人叫我教他外文，他现在能讲两句，但只会讲不会认字。他不听我的话，真没办法，我最怕他玩我的计算机，坏了怎么办？"

我又笑了起来，陈景润可以不辞劳苦努力攀登科学高峰，却被四岁儿子弄得束手无策。这就是他的和善个性吧。

"听说你在培养他，希望他将来也成为数学家。"我放下孩子，孩子连忙投到陈景润的怀里。

陈景润搂抱着孩子说："我希望他长大当科学工作者，但重要的还是看他个人发展。我认为三四岁的孩子最好先学外文、语文，先学会认数字，不必太早学加减乘除。"这时他又想起他的导师华罗庚："华罗庚的孩子一个男的是医生，一个女的是彭真的秘书。"

提到孩子，陈景润说现在的独生子女条件太好，要把娇气去掉，将来才能好好工作，去掉娇气的最好办法就是孩子稍大后去当兵，还要到贫苦的人家里去看看。他说自己过去因为穷才苦干，处境不好才成才。

陈景润谈到孩子时触景生情，回忆自己的童年、青少年时期，心情沉重，眼眶红润。他说他的父亲是个邮政职员，善良的母亲生了十二个孩子，但只活了六个。母亲在陈景润十三岁那年去世，从此，陈景润惊慌、迷惘，被人称为"丑小鸭"。他在被欺侮中度过青少年时期。不久，从战火中的三明市转到福州的三义中学、英华书院念高中，由于家境贫穷，只念了一年就停学，在家中自修一年，后来以同等学力考入厦门大学。

这时，沙发桌上的电话响了，接听电话的是一个健康而面貌秀美的少女，她是陈景润爱人由昆的妹妹，为照顾陈景润和孩子而来的，她说是由昆打来的电话。

也许是陈景润谈得太多了，他说觉得头部不舒服，我与张博士连忙将他搀进房里。四个房间，一个是由昆与孩子的，一个是客房，一个是陈景润的卧房，卧房的门安上一把锁，据说是防孩子捣乱。但陈景润却走向工作房。我的天！原来屋内只有一张桌子、一张椅子，桌上有一盏破旧的台灯、一部旧的录音机和一本《哥德巴赫猜想》。桌子右角地下堆积许多废纸、废物。难怪陈景润在谈话中说到他1979年应邀前往美国普林斯顿高级研究所从事短期研究和讲学的情况羡慕不已，那个研究所是世界著名的学术中心，最令陈景润怀念的是那儿的先进设备。为了国家科学的发展，陈景润还将在美国演讲时所得的酬金全部上交国家。他说："我希望出外学习一些东西，喜欢研究数学，我对生活水平高不感兴趣，对做官也不感兴趣。天津市委曾想聘我到南开大学当校长。我认为自己不是这个材料，行政工作很复杂，不完成任务又不行。我不善讲话，怕讲话犯错误，怕开会太多。我最喜欢到图书馆，还有到图书馆的路要好走才行……"

陈景润的话道出了中国多数科学工作者的赤诚心声。我慢慢地咀嚼着他的话，想着刚才陈景润说他在住院期间多次希望出院，原来是中日友好医院住院费太贵（陈景润的病房每天九十元人民币），他认为自己的病更适合中医治疗，尤其是按摩效果好，但他的寓所离中关村医院有一千多米，走路累、费劲，想想我来时见到的凹凸不平的泥地，想到人才难得，我说："国家应给你一部车子。"

"所里只有两部车，我只是学部委员，国家科委数学小组成员及人大代表，按级别还不够格。我一向对生活无所要求，1983年全国开人大会，我自己乘车去，目前只希望有个好的按摩师按摩就好了。"说完陈景润摸着自己发麻的双腿。

如果说自然科学的皇后是数学，数学的皇冠是数论，那么，被陈景润部分证明的哥德巴赫猜想就是数学皇冠上的一颗明珠。从1956年到现在，他发表了四十多篇论文，有些理论在当时是国际领先的，有些到现在还是如此。在国外，许多知名数学家和科学组织，称陈景润的研究成果是"陈氏定理"、运用筛选法的"光辉顶点"。这是继中国古老的数学《周髀算经》《孙子算经》，南宋大数学家秦九韶《数书九章》及元代大数学家朱世杰《四元玉鉴》之后，中国数学史上的另一光辉成果。目前，在英、法、德等国一些大学和研究所曾想邀请他前往讲学或短期工作，陈景润感到国内工作多，婉言谢绝了。

环视陈景润简朴的研究室，想到他的病情，我深有感触。在中国求贤若渴、致力发展的今天，像陈景润这样一位数学奇才，像他这样忠厚朴实、公而忘私的人，应该在工作、科研、生活等各方面给他提供尽可能好的条件。

于陈景润寓所采访

中国现代文学馆

林湄先生：

收到一大箱！百宝箱！惊喜万分！不知如何感谢！

我们决定设立"林湄文库"，你寄的全是签名本，这还了得！非文库仍可。

是这样分配的：赠书、贺年片、打字问卷、剪报、手稿等邮件 五种 入"林湄文库"

照片——入照片库。顺便说一句，使童真多呵！

手稿——入手稿库

录音——入录音带库

会给你开单收据的，慢慢的。

你一直思想文明倡此。我们视为知己！而且非常珍重您的作用。我们是"多多益善"。

祝

安！

舒乙 6.18.
1992.

后　记

一切物质似乎都可标价，都可交易，唯有思想境界、品格、情愫、气节、操守无价可标，因而也常常被人漠视。

在我数年的记者生涯中，尤其喜欢专访"精神王国的求索者"，我觉得和他们进行精神上的交接，是一种美的享受。所以愿意将他们的追求与探索、痛苦和快乐展示给读者。只是要写活、写好他们并非易事，我努力这样做：在采访他们之前先详读他们的作品与有关的资料，以表达我对他们的真诚和尊敬。

每位名家的经历、性格、思想有所不同，但他们又有许多共同点，这就是：他们的心灵是美丽的，胸怀是光明的，探索是深邃的。

在此物欲横流的世界，弘扬真、善、美，构筑和谐、崇高的历史和精神王国，乃是我从事新闻工作的目标和夙愿。

有些名家，在我专访不久后已离开了人间，但他们的音容笑貌仍保留在我的记忆里，他们不朽的灵魂和长留人世的真善美，将是永恒的！

林　湄

2006 年于德国—法国—意大利途中

图书在版编目（CIP）数据

精神王国的求索者：文化名人采访录 / 林湄著 .—北京：作家出版社，2022.6

ISBN 978-7-5212-1382-9

Ⅰ.①精… Ⅱ.①林… Ⅲ.①名人—访问记—中国—现代 Ⅳ.① K820.7

中国版本图书馆 CIP 数据核字（2021）第 055595 号

精神王国的求索者：文化名人采访录

作　　者：林　湄
责任编辑：乔永真　翟婧婧
装帧设计：门乃婷工作室
出版发行：作家出版社有限公司
社　　址：北京农展馆南里 10 号　　邮　　编：100125
电话传真：86-10-65067186（发行中心及邮购部）
　　　　　86-10-65004079（总编室）
E-mail:zuojia@zuojia.net.cn
http://www.zuojiachubanshe.com
印　　刷：唐山嘉德印刷有限公司
成品尺寸：152×230
字　　数：150 千字
印　　张：12.5
版　　次：2022 年 6 月第 1 版
印　　次：2022 年 6 月第 1 次印刷
ISBN 978-7-5212-1382-9
定　　价：55.00 元

作家版图书，版权所有，侵权必究。
作家版图书，印装错误可随时退换。